Hermann Kügler

Versuchungen widerstehen?

Ignatianische Impulse
Herausgegeben von Stefan Kiechle SJ und Willi Lambert SJ,
Band 32

Ignatianische Impulse gründen in der Spiritualität des Ignatius von Loyola. Diese wird heute von vielen Menschen neu entdeckt.

Ignatianische Impulse greifen aktuelle und existentielle Fragen wie auch umstrittene Themen auf. Weltoffen und konkret, lebensnah und nach vorne gerichtet, gut lesbar und persönlich anregend sprechen sie suchende Menschen an und helfen ihnen, das alltägliche Leben spirituell zu deuten und zu gestalten.

Ignatianische Impulse werden begleitet durch den Jesuitenorden, der von Ignatius gegründet wurde. Ihre Themen orientieren sich an dem, was Jesuiten heute als ihre Leitlinien gewählt haben: Christlicher Glaube – soziale Gerechtigkeit – interreligiöser Dialog – moderne Kultur.

Hermann Kügler

Versuchungen widerstehen?

echter

Bibliografische Information der Deutschen Nationalbibliothek

Die Deutsche Nationalbibliothek verzeichnet diese Publikation in der Deutschen Nationalbibliografie; detaillierte bibliografische -Daten sind im Internet über <http://dnb.d-nb.de abrufbar.

www.echter-verlag.de
Umschlag: Roberto Meraner
Druck und Bindung: fgb · freiburger graphische betriebe
ISBN 978-3-429-03022-3

Inhalt

Vorwort 7

1. Annäherungen 11

Erste Annäherung: Was sind Versuchungen? 11
Zweite Annäherung: das Doppelgesicht von Versuchungen 14
Dritte Annäherung: Versuchungen in der biblischen Botschaft 17

2. Die herausfordernden Aspekte von Versuchungen: Wir können daran wachsen . . . 20

Beispiel: Die Versuchungen Jesu

3. Die gefährlichen Aspekte von Versuchungen: Wir können darin untergehen 29

Beispiel: Adam und Eva im Paradies

4. Die subtilen Aspekte von Versuchungen 35

Psychologische Gesichtspunkte 35
Versuchungen unter dem Schein des Guten 39
Versuchungen, beim Guten stehen zu bleiben, statt das Bessere zu wählen 44
Klärungsprozesse 47

5. Versuchungen erkennen und bewältigen 51

»… und führe uns nicht in Versuchung« 51
Hilfen aus der christlichen Spiritualität 54
Sechs Hinweise von Ignatius von Loyola 56

6. Leben mit Versuchungen 66

Und wenn man einer Versuchung erlegen ist? 66
Gebet der Entscheidung (Karl Rahner) 70

7. Zehn Leitsätze zum Umgang mit Versuchungen 77

Anmerkungen 79

Vorwort

Vor etwa hundert Jahren schrieb Wilhelm Busch eine Bildergeschichte über den heiligen Antonius von Padua. Dort erzählt er, wie sich der Teufel in Gestalt eines hübschen Mädchens in die Mönchszelle des heiligen Antonius einschleicht, um ihn in Versuchung zu führen. Natürlich misslingt dies gründlich:

»Auf einmal –
er wusste selbst nicht wie –
setzt sich das Mädel
ihm gar aufs Knie
und gibt dem heiligen Antonius
links und rechts einen herzhaften
Kuss.

Der heilige Antonius von Padua
war aber nicht ruhig,
als dies geschah.
Er sprang empor, von Zorn
entbrannt;
er nahm das Kreuz in seine Hand:
›Lass ab von mir, unsaubrer Geist!

Sei, wie du bist, wer du auch
seist!‹
Puh! da sauste mit großem
Rumor
der Satanas durchs Ofenrohr.«

Ganz anders fühlt sich eine Erfahrung hundert Jahre später an: Auf der Rückfahrt aus dem letzten Sommerurlaub machte ich an einer Schweizer Autobahnraststätte Halt, um zu tanken und einen Kaffee zu trinken. Schon am Eingang zur Raststätte warb der Pächter mit einem wirklich gut aufgemachten Plakat für ein Sonderangebot: »Süße Sünde: Lassen Sie sich in Versuchung führen! Genießen Sie heute einen himmlischen Pott Kaffee mit einem Extra-Stück hausgemachten Kuchen!«

Dass ich dieser Versuchung nicht erlegen bin, lag eher am doch recht stolzen Preis des Angebots als an meiner Tugend. Aber keine Frage: Sich in Versuchung führen zu lassen und der »süßen Sünde« zu erliegen wird in der Werbung der Raststätte als etwas ausgesprochen Positives hingestellt, womit man sich an einem schönen Sommertag etwas Gutes zur Erhöhung der Lebensqualität gönnen soll.

Würden Sie, liebe Leserin und lieber Leser, »Versuchung« eher mit der ersten oder eher mit der zweiten Geschichte in Verbindung bringen? Ist eine Versuchung, welcher Art auch immer, auf jeden Fall oder im Zweifelsfall zu meiden? Oder schadet es bisweilen nicht, ihr zu erliegen, weil das der Erhöhung der Lebensqualität dient – getreu dem Bonmot des britischen Dramatikers Alan Ayckbourn: »Das Schlimmste im Leben sind die Versuchungen, denen man nicht erlegen ist«?

Offenbar gibt es mindestens zwei Sorten von Versuchungen: solche, die uns zu etwas verführen wollen, das besser zu meiden ist, wenn wir unserem Lebensentwurf treu bleiben wollen – und solche, deren Befolgung ein »Mehr« an Lebensqualität verspricht oder, vorsichtiger formuliert, die man nicht gleich meiden

muss, sondern mit denen sich eine Auseinandersetzung zumindest lohnt.
Nach der Einführung ins Thema wird es im zweiten Kapitel um die positiven, also herausfordernden Aspekte von Versuchungen gehen und im dritten um die gefährlichen. Versuchungen unter dem Schein des Guten sind Thema des vierten Kapitels, und im fünften geht es darum, wie wir Menschen sie erkennen und bewältigen. Eine Meditation von Karl Rahner über unsere Versuchbarkeit und zehn hoffentlich nützliche Leitsätze zum Umgang mit Versuchungen beenden das Buch.
Danke für Ihr Vertrauen sage ich den Menschen, die sich mir in ihren Versuchungen anvertraut haben und von denen ich viel über meine eigene Versuchbarkeit gelernt habe; und besonders danke ich Dagmar Arens, Maria Franz, Andreas Gesierich und Hyen Jin Yoo für viele gute Gespräche und für ihre fruchtbare und wohlwollende Kritik am Buchmanuskript.
Versuchungen gehören zum Leben – ob wir sie wahrnehmen wollen oder nicht. Und allemal gilt, was der italienische Journalist und Schriftsteller Giovanni Guareschi sagte: »Manch einer, der vor der Versuchung flieht, hofft doch heimlich, dass sie ihn einholt.«

Leipzig, im Frühjahr 2008 *Hermann Kügler SJ*

1. Annäherungen

Erste Annäherung: Was sind Versuchungen?

Relativ einfach mag es sein, wenn Sie sich im stillen Kämmerlein eingestehen, wodurch Sie persönlich versuchbar oder verführbar sind – das kann ja ganz unterschiedlich sein. Aber könnten Sie mit wenigen Worten sagen, was unabhängig von Ihrem Erleben eine Versuchung ist?

Irgendwie scheint es so zu sein, dass wir gar nicht genau sagen können, was eigentlich eine Versuchung ausmacht. Ist es der Reiz des Heimlichen und Verbotenen? Einer Versuchung zu erliegen – bedeutet das, ein eigentlich sinnvolles Gesetz oder Gebot zu missachten? Jemand würde z.B. etwas tun, was zwar reizvoll erscheint, was er aber bei klarem Verstand nicht tun dürfte oder sollte. Er oder sie würde etwa Diätvorschriften missachten und sich damit schaden. Ein anderer kauft etwas, was er sich gar nicht leisten kann. Noch jemand erledigt eine wichtige Aufgabe wegen eines kurzfristigen Vergnügens nicht oder geht fremd, weil sich eben die Gelegenheit dazu bietet.

Wir Menschen können durch andere verführt, also erfolgreich in Versuchung geführt werden durch Schmeicheleien, durch Bitten und Anstiften, durch Erwecken von Neugier und durch Manipulation. Wer einer Versuchung erlegen ist, erlebt anschließend oft Schuldgefühle und Reue. Die Handlung tut ihm leid, und er möchte sie vielleicht ungeschehen machen.

Ich habe einmal verschiedene Definitionen zusammengesucht. Eine keineswegs vollständige Liste liest sich so:

Eine Versuchung ist eine Handlung, die einem Menschen reizvoll erscheint, die er jedoch nicht tun dürfte oder sollte. *(http://de.wikipedia.org)*

In den Religionen ist Versuchung das Bestreben, den Gläubigen vom Gehorsam gegenüber Gott bzw. den Göttern oder vom rechten Weg abzubringen. *(Brockhaus-Enzyklopädie)*

Verführung ist die gelingende negative Einflussnahme eines anderen Menschen oder des Satans auf das sittliche Verhalten. *(Bibellexikon)*

Verführung ist die bewusste und planmäßige Hinführung zum Bösen durch Zureden, Rat, Befehl oder schlüssige Handlungen. *(Wörterbuch der Pastoralanthropologie)*

Versuchung heißt: jemanden auf seinen Wert, seine Beständigkeit hin prüfen, ihn von den als recht erkannten Werturteilen abbringen, ihn in Sünde führen. *(Bibellexikon)*

Versuchung ist der Anreiz zur Sünde. *(Karl Rahner, Theologe)*

Die Versuchung besteht in der Gefahr, die optimale dynamische Hinordnung auf die ständige Vervollkommnung durch Handlungen zu gefährden, die dieses Streben beeinträchtigen. *(Waldemar Molinski, Moraltheologe)*

Eine Versuchung ist eine Situation, die mir zwar einen momentanen Vorteil und Genuss bringt, langfristig und objektiv gesehen mir oder anderen aber schadet. Sie begegnet mir tagtäglich, im Großen, im Kleinen, im Unwichtigen, im Existentiellen, sie macht mir zu schaffen, ich kämpfe mit ihr. *(www.evangelium.de)*

Versuchung ist der Wunsch des Menschen, sich von Gott zu trennen. *(Lutz Hoffmann, Jesuit und Ökonom)*

Versuchung ist die radikale Gefährdung des Glaubens, die zum Weggang aus der Jüngerschaft führen kann und damit das Heil des Menschen bei Gott aufs Spiel setzt. *(Herbert Vorgrimler, Theologe)*

Versuchung liegt dann vor, wenn der Mensch im Begriff ist, sich auf eine infantile Phase regredierend fixieren zu lassen. *(Richard Ries, nach Sigmund Freud)*

In Versuchung gerät der Mensch, wo er im Begriff ist, sich mit seiner Persona zu identifizieren, und wo er in Gefahr ist, sich mit seinem Schatten zu identifizieren bzw. seinen Schatten auf andere zu projizieren. *(Richard Ries, nach C.G. Jung)*

So weit – so gut. Damit wir aber vor lauter Bäumen den Wald nicht übersehen, also einen gewissen ersten Überblick behalten, lege ich mich auf die weiteste Definition fest und verstehe »Versuchung« im Folgenden so: *Eine Versuchung ist eine Handlung, die einem Menschen reizvoll erscheint, die er jedoch nicht tun dürfte oder sollte.*
Die beiden Begriffe »Versuchung« und »Verführung« werden oft mehr oder weniger bedeutungsgleich gebraucht. In der Alltagssprache meint »Verführung«, eine Person so zu manipulieren, dass sie etwas tut, was sie eigentlich nicht tun will, z.B. etwas kaufen, was sie

gar nicht braucht. Mit derlei Verführungen arbeitet die Werbung. Genauer bedeutet Verführung eine Form der gewaltfreien Überwindung von Widerständen, umgangssprachlich auch die Überwindung von Widerständen zum Erreichen sexueller Befriedigung, z.B. durch das Herstellen einer erotischen Atmosphäre.

Zweite Annäherung: das Doppelgesicht von Versuchungen

Schon in der Einleitung dieses Buches haben wir gesehen, dass Versuchungen mindestens zwei verschiedene Aspekte haben können: Einerseits scheint es so, dass wir Menschen sie meiden sollen, anderseits scheint es gerade erstrebenswert, ihnen zu erliegen. Wie bei den Definitionen habe ich dazu wieder eine Liste mit Zitaten aus der europäischen Geistesgeschichte zusammengesucht, in denen diese beiden Aspekte deutlich werden. Darauf kommen wir später noch genauer zu sprechen, wenn wir die biblischen Erfahrungen anschauen.

Der einzige Weg, eine Versuchung loszuwerden, ist, ihr nachzugeben. *(Oscar Wilde)*

Überfluss pflegt auch der Allerweisesten Verstand zu blenden. *(Kaiser Friedrich II.)*

Versuchungen sollte man nachgeben, wer weiß, ob sie wiederkommen! *(Oscar Wilde)*

Das Schlimmste im Leben sind die Versuchungen, denen man *nicht* erlegen ist. *(Alan Ayckbourn)*

Wenn es überhaupt einen Zweck des Lebens gibt, so ist es dieser: sich immer in Versuchung zu begeben. *(Oscar Wilde)*

Versuchungen sind wie Vagabunden: Wenn man sie freundlich behandelt, kommen sie wieder und bringen andere mit. *(Mark Twain)*

Manch einer, der vor der Versuchung flieht, hofft doch heimlich, dass sie ihn einholt. *(Giovanni Guareschi)*

Allem kann ich widerstehen, nur der Versuchung nicht! *(Oscar Wilde)*

Jede Versuchung ist genau so groß wie die Bereitschaft des Versuchten, ihr zu erliegen. *(Silke Zajonz)*

Es gibt verschiedene gute Mittel gegen Versuchung, aber das sicherste ist die Feigheit. *(Mark Twain)*

Anfechtungen sind Umarmungen Gottes. *(Martin Luther)*

Verbotene Früchte schmecken am besten. *(Ovid)*

Der Mensch versuche die Götter nicht! *(Friedrich Schiller)*

Menschen, die der Versuchung widerstehen, verschieben nur ihre Kapitulation auf morgen. *(Charles Maurice de Talleyrand, französischer Bischof, Staatsmann und Außenminister)*

Versuchung führt zum Versuch. Und Versuch macht klug. *(Waltraud Puzicha, deutsche Aphoristikerin)*

Wenn wir der Versuchung widerstehen, dann gewöhnlich deshalb, weil die Versuchung schwach ist, und nicht, weil wir stark sind. *(François VI., französischer Offizier, Diplomat und Schriftsteller)*

Sorge dich nicht darum, wie du der Versuchung widerstehen kannst. Wenn du älter wirst, widersteht sie dir. *(Willy Meurer, Kaufmann und Publizist)*

Wir können unser Heil nur durch die Reue erlangen. Wie soll man bereuen, wenn man nicht vorher gesündigt hat? Wenn uns also Gott die Versuchung schickt, ist es unsere Pflicht, ihr zu erliegen. *(Grigori Rasputin, russischer Mönch, Wanderprophet und Geistheiler)*

Lieber Gott, führe mich in Versuchung, aber richtig! *(unbekannt)*

Eines unserer größten Probleme besteht darin, dass wir täglich so vielen Verlockungen ausgesetzt sind, dass die Zeit nicht reicht, allen nachzugeben. *(aus Mexiko)*

Versuchungen kommen meist durch absichtlich offen gelassene Türen. *(Gilbert Keith Chesterton, englischer Kriminalautor)*

Gebet des Mönchs: Herr, schenke mir Geduld – aber bitte sofort! Und schenke mir Keuschheit – aber bitte erst ab morgen! *(unbekannt)*

Hoffentlich schwirrt Ihnen jetzt nicht der Kopf! Ich habe diese vielen aphoristischen Annäherungen deswegen ausgewählt, weil darin deutlich wird: »Versuchung« ist nicht einfach eine religiös-biblische oder spirituell-asketische Kategorie. Sondern sie ist noch davor ein höchst interessantes menschliches Grundproblem. Weil wir Menschen mit achtzehn Jahren zwar volljährig, aber keineswegs vollständig und fertig sind und uns hoffentlich lebenslang weiterentwickeln, begegnen uns Versuchungen, solange wir leben.

Auf den nächsten Seiten wird es nun steil fachlich. Ich will mit Ihnen ansehen, welche Erfahrungen die biblische Botschaft zu unserem Thema beisteuert.

Dritte Annäherung: Versuchungen in der biblischen Botschaft

In der Bibel begegnet uns der griechische Begriff »peirazein«/»peirasmos«, also »versuchen«/»Versuchung«, sowohl in der griechischen Übersetzung des Alten Testamentes – der so genannten Septuaginta – wie im Neuen Testament in zwei Bedeutungen, die gut zu unterscheiden sind.

»Peirazein«/»peirasmos« bedeutet zum einen: »auf die Probe stellen«. Das macht Gott, wenn er den Menschen prüft. Weil wir Menschen Werde-Wesen sind, müssen wir uns immer wieder zwischen mehreren Möglichkeiten entscheiden. Die Versuchbarkeit zwischen Gut und Böse ist sozusagen mit der menschlichen Existenz mitgegeben. In diesem Sinne führt Gott in Versuchung.

Ein Beispiel für diese Bedeutung findet sich im Jakobusbrief: »Seid voll Freude, wenn ihr in mancherlei

Versuchung geratet. Ihr wisst, dass die Prüfung eures Glaubens Ausdauer bewirkt. Die Ausdauer aber soll zu einem vollendeten Werk führen: denn so werdet ihr vollendet und untadelig sein, es wird euch nichts mehr fehlen« (Jak 1,2–4).

Zum anderen bedeutet der Begriff: »zur Sünde verführen«. Solches machen der Teufel, böse Mitmenschen und die eigenen bösen Neigungen. Im selben Jakobusbrief lesen wir in diesem Sinn ein paar Zeilen später: »Glücklich der Mensch, der in der Versuchung standhält. Denn wenn er sich bewährt, wird er den Kranz des Lebens erhalten, der denen verheißen ist, die Gott lieben. Keiner, der in Versuchung gerät, soll sagen: Ich werde von Gott in Versuchung geführt. Denn Gott kann nicht in die Versuchung kommen, Böses zu tun, und er führt auch selbst niemanden in Versuchung. Jeder wird von seiner eigenen Begierde, die ihn lockt und fängt, in Versuchung geführt. Wenn die Begierde dann schwanger geworden ist, bringt sie die Sünde zur Welt; ist die Sünde reif geworden, bringt sie den Tod hervor« (Jak 1,12–15).

Im Alten Testament finden wir Versuchungen durch den Teufel nur an wenigen Stellen: Adam und Eva werden im Paradies von der Schlange versucht, in der die spätere Tradition den Teufel sieht (Gen 3). Im Buch Hiob versucht der Teufel – mit ausdrücklicher Erlaubnis Gottes – Hiob. Als König David das Volk Israel zählen will, ist es der Teufel, der ihn dazu anstachelt. »Der Satan trat gegen Israel auf und reizte David, Israel zu zählen« (1 Chr 21,1).

Die weitaus meisten Texte des Alten Testamentes sprechen von einer Prüfung durch Gott, der durch einen Eingriff in das Leben eines Menschen dessen Treue auf die Probe stellt. Die Geschichte von der gerade noch

verhinderten Opferung Isaaks durch Abraham wird traditionell so verstanden (Gen 22,1–19).
In den Geschichten vom Sündenfall im Paradies und von der Opferung Isaaks sowie im Hiobbuch haben wir die klassischen Stellen des Alten Testamentes über Versuchungen. Der Vollständigkeit halber sei noch angemerkt, dass nach dem Alten Testament auch die Menschen Gott versuchen: Nach dem Auszug aus Ägypten beschwert sich das Volk nicht nur bei Mose, dass er es in die Wüste geführt hat, sondern es stellt Gott auf die Probe durch offenes Murren und durch Zweifel an seiner Führung (Ex 17,1–7). Gott versuchen bedeutet dabei so viel wie: an der Macht Gottes zweifeln. Und das ist ein Zeichen von Unglauben.
Das Neue Testament schreibt große Macht dem Teufel zu, wenn es deutlich machen will, wieso Menschen Versuchungen erliegen und sündigen. Dieser stiftet zum Unheil an, verführt zur Sünde und nutzt die Menschen aus. Die wahre Ursache zur Sünde aber ist die Begierde, die im Menschen wohnt. Ihr zu widerstehen ist möglich. Die wohl eindrucksvollste Versuchungsgeschichte im Neuen Testament ist die Erzählung von der Versuchung Jesu (Mk 1,12–13; Mt 4,1–11 und Lk 4,1–13). Wie Moses (Ex 34,28; Dtn 9,9.18) fastet auch Jesus vierzig Tage und vierzig Nächte. Auf diese Geschichte werde ich im nächsten Kapitel zurückkommen.

2. Die herausfordernden Aspekte von Versuchungen: Wir können daran wachsen

Eine meiner Lieblingsgeschichten über die lebensfördernden Aspekte von Versuchungen stammt aus der Frühzeit des Christentums. Sie steht in einer Sprüchesammlung von Lehrgeschichten der ersten Mönche. Als etwa im vierten Jahrhundert die ersten Anfänge des christlichen Ordenslebens aufkamen, lebten die meisten Mönche noch nicht in klösterlichen Gemeinschaften, sondern als Einsiedler. Zwei von ihnen, so heißt es, wohnen in Ägypten in der sketischen und in der thebaischen Wüste, die links und rechts des Nils liegen. Einmal fragen sie einen alten und weisen Mönch, was sie tun sollen, wenn eine Versuchung naht. Klar: Wer einen Großteil des Lebens oder doch lange Zeit allein lebt, kommt leichter auf dumme Gedanken, als wenn er das Korrektiv einer Gemeinschaft oder eines Seelenführers sucht.

Im Originaltext liest sich das so: »Abbas Pastor fragte den Abbas Josef: ›Was muss ich tun, wenn mir Versuchungen nahen?‹ Der Greis sprach zu ihm: ›Lass sie ein und kämpfe mit ihnen.‹ Er kehrte heim und saß in der Sketis, und es begab sich, dass ein aus der Thebais in die Sketis kommender Bruder erzählte, er habe den Abbas Josef gefragt: ›Wenn mir eine Versuchung naht, soll ich ihr widerstehen oder soll ich sie einlassen?‹ Und er habe ihm gesagt: ›Keineswegs lasse die Versuchung in dich ein, sondern schneide sie schleunigst ab!‹ Als das Abbas Pastor hörte, stand er auf und ging wieder nach Pamphos zum Abbas Josef und sprach zu ihm: ›Vater, ich habe dir meine Gedanken anvertraut, und du hast zu mir anderes gesagt als dem Bruder aus der Thebais.‹ Der Greis sprach zu ihm: ›Weißt du, dass ich dich liebe?‹ Und er antwortete: ›Ja.‹ ›Hast du mir nicht gesagt, ich soll zu dir sprechen, was ich denke, wie wenn ich es zu mir selbst sage? Wenn also Versuchungen in dir aufsteigen und du gibst dich mit ihnen ab, so fördern sie dich in der Erprobung. Wie zu mir selbst, so habe ich zu dir gesprochen. Es gibt aber andere, denen es nicht förderlich ist, wenn sich ihnen Leidenschaft naht; sie müssen sich vielmehr davon abkehren.‹«[1]

Ich schätze diese Geschichte deswegen, weil sie über alle Unterschiede von Zeit und Kultur hinweg deutlich macht, dass wir Menschen uns nur entwickeln und wachsen können, wenn wir uns den Forderungen des Lebens stellen, anstatt sie ängstlich zu meiden. Genauso wichtig ist es jedoch, dass wir uns nicht überfordern. Es geht also um Herausforderung, aber ohne Überforderung. Dass das im Einzelfall gar nicht so leicht zu unterscheiden ist, wussten die alten Mönche genauso gut wie wir heutige Menschen.

Wenn Sie Christin oder Christ sind, werden Sie sich vermutlich dafür interessieren, wie Jesus von Nazareth Versuchungen bestanden hat. Jesus war ja, so sehen wir Christen das, ganz und gar Mensch, also kein Supermann und kein verkleideter griechischer Halbgott, der erhaben gewesen wäre über die Niederungen menschlicher Regungen. So können wir davon ausgehen, dass er das gesamte Spektrum menschlicher Grunderfahrungen und also auch Versuchungen in allen wichtigen Lebensbereichen am eigenen Leib erfahren hat.

Auf einem anderen Blatt steht, dass die Versuchbarkeit

Jesu in zahlreichen Jesus-Romanen der letzten Jahrzehnte und in Kinofilmen bisweilen recht spektakulär ausgeschlachtet wurde: Jesus habe der Versuchung nicht widerstanden, mit Maria Magdalena ein Kind zu zeugen oder eine Familie zu gründen, er sei nach seiner Kreuzigung nach Frankreich ausgewandert oder wahlweise in Indien gestorben.

Die seriöse Auffassung der frühen Kirche über die Versuchungen Jesu findet sich im so genannten Hebräerbrief, der einen guten Einblick in den Reichtum des christlichen Denkens und Lebens am Ende des ersten Jahrhunderts gibt. Der Autor drückt seine Sicht Jesu so aus: »Denn da er selbst in Versuchung geführt wurde und gelitten hat, kann er denen helfen, die in Versuchung geführt werden« (Hebr 2,18). Und noch einmal: »Wir haben ja nicht einen Hohen Priester, der nicht mitfühlen könnte mit unserer Schwäche, sondern einen, der in allem wie wir in Versuchung geführt worden ist, aber nicht gesündigt hat« (Hebr 4,15–16). Der Verfasser des Hebräerbriefes will damit sagen: So wie es zum Menschsein dazugehört, dass wir zeitlebens immer wieder in Versuchungen geraten, so ist auch Jesus – weil wahrer Mensch – in allen Aspekten seines Menschseins in Versuchung geführt worden.

Die klassische Geschichte von den Versuchungen Jesu steht bei Lukas und bei Matthäus. Im Markusevangelium ist sie nur kurz zusammengefasst, das Johannesevangelium folgt einer anderen Konzeption. Dazu eine Vorbemerkung: In dieser Geschichte kommt der Teufel vor. Zum Verständnis der Versuchungsgeschichte reicht es zunächst aus, den Teufel hier als »Form« für eigene unheimliche Triebe und Impulse zu verstehen, die – weil sie ich-fremd sind – nach außen verlagert werden. Das ist natürlich nur eine psychologische Erklärungsfigur, und ich sage nicht, dass damit schon die letzten philosophisch-theologischen Antworten auf das »Wesen« des Teufels gegeben sind. Später werde ich auf die Gestalt des Teufels zurückkommen. Der Text nach Lukas (Lk 4,1–13) lautet:

»Erfüllt vom Heiligen Geist verließ Jesus die Jordangegend. Darauf führte ihn der Geist vierzig Tage in der Wüste umher, und dabei wurde Jesus vom Teufel in Versuchung geführt. Die ganze Zeit über aß er nichts; als aber die vierzig Tage vorüber waren, hatte er Hunger. Da sagte der Teufel zu ihm: Wenn du Gottes Sohn bist, so befiehl diesem Stein, zu Brot zu werden. Jesus antwortete ihm: In der Schrift heißt es: Der Mensch lebt nicht nur vom Brot.

Da führte ihn der Teufel auf einen Berg hinauf und zeigte ihm in einem einzigen Augenblick alle Reiche der Erde. Und er sagte zu ihm: All die Macht und Herrlichkeit dieser Reiche will ich dir geben; denn sie sind mir überlassen, und ich gebe sie, wem ich will. Wenn du dich vor mir niederwirfst und mich anbetest, wird dir alles gehören. Jesus antwortete ihm: In der Schrift steht: Vor dem Herrn, deinem Gott, sollst du dich niederwerfen und ihm allein dienen.

Darauf führte ihn der Teufel nach Jerusalem, stellte ihn oben auf den Tempel und sagte zu ihm: Wenn du Gottes Sohn bist, so stürz dich von hier hinab; denn es heißt in der Schrift: Seinen Engeln befiehlt er, dich zu behüten, und: Sie werden dich auf ihren Händen tragen, damit dein Fuß nicht an einen Stein stößt. Da antwortete ihm Jesus: Die Schrift sagt: Du sollst den Herrn, deinen Gott, nicht auf die Probe stellen. Nach diesen Versuchungen ließ der Teufel für eine gewisse Zeit von ihm ab.«

Wir stehen am Anfang des öffentlichen Wirkens Jesu. Am besten verstehen Sie die Erzählung wie die Ouvertüre zu Beginn einer Oper, wie die Titelmelodie eines Musicals oder wie den Trailer eines Kinofilms. In der Titelmelodie klingt bereits an, wovon der Film handeln wird. Hier soll Jesus aus Steinen Brot machen, er soll sich auf einem hohen Berg vor dem Teufel niederwerfen und dann vom Tempel herunterspringen. Das alles sind innerseelische Bilder und Symbole. Es gilt, sie zu übersetzen und herauszufinden, wo in unserer Erfahrung so etwas vorkommt.
Machen wir einen kleinen Exkurs. Vor 100 Jahren begann der Wiener Arzt und Begründer der Psychoanalyse Sigmund Freud – nach ihm führten andere seinen Ansatz weiter –, in der menschlichen Entwicklung verschiedene Phasen zu beschreiben. Vermutlich kennen Sie diese Gedanken, daher erinnere ich nur kurz und vereinfacht daran: Das kleine Kind muss lernen, mit den materiellen Dingen umzugehen, zuallererst mit dem Essen, mit der Nahrung. Es muss lernen, ein Verhältnis zu bekommen zum Konsum, zu Genuss und Verzicht. Jugendliche müssen lernen, mit ihrem Machtstreben klarzukommen, und die Fähigkeit entwickeln, etwas in der Welt zu bewirken; sie müssen lernen, herzugeben und festzuhalten, sich über- und unterzuordnen. Junge Erwachsene haben die Aufgabe, ihre Lebendigkeit und unverwechselbare Einmaligkeit zu entwickeln, ihre Identität zu festigen und Grenzen auszuprobieren und zu akzeptieren.
Eltern und ErzieherInnen erfahren das. Ihre Aufgabe ist es, solche Entwicklungen liebevoll zu begleiten. Dabei gibt es altersspezifische Herausforderungen. Wer als Kind nicht gelernt hat, zu genießen und zu verzichten, wird später ungenießbar. Wer als Jugendli-

cher nicht gelernt hat, Verantwortung zu übernehmen, wird später Schreihälsen nachlaufen oder ein Duckmäuser werden. Wer als junger Erwachsener seine Identität nicht halbwegs gefunden hat, wird vielleicht in mühevollen Therapiestunden nachholen müssen, was er oder sie in den Zwanzigerjahren des Lebens versäumt hat.

Durch die tiefenpsychologische Brille und sozusagen rein menschlich betrachtet, ist die Versuchungsgeschichte Jesu die Geschichte seiner Selbstwerdung. Jeder Mensch hat die Aufgabe, in einem Prozess der fortschreitenden Bewusstwerdung und Ich-Werdung seine unverwechselbare und einmalige Individualität auszuprägen.

Im Bild der Wüste wird eine innere Erfahrung nach außen verlagert. Die Wüste können wir verstehen als den Raum für die unbewusste Seite der Seele. So hat es uns die analytische Psychologie im Gefolge von C.G. Jung verstehen gelehrt. Nachdem Jesus Vater und Mutter verlassen hat, muss er in dieser Wüste den Kampf mit »bösen Geistern« bestehen, um durch Krisen hindurch eine neue Identität zu gewinnen. Jesus widersteht der Versuchung, sich auf solche vom kollektiven Unbewussten gestalteten Bilder fixieren und damit sein Bewusstsein vom Unbewussten überschwemmen zu lassen.

Nach Jung hat die Gestalt des Teufels eine integrierende Funktion. Sie verhilft dazu, aus dem Zustand der Unbewusstheit zur Bewusstheit zu kommen. In Versuchung – so C.G. Jung – gerät der Mensch, wo er in Gefahr ist, sich mit den Erwartungen anderer oder mit seinen unbewussten und ungelebten Seiten zu identifizieren oder diese auf andere zu projizieren.

»Indem Jesus nicht auf die spätjüdische Messiaserwartung einging (Persona), indem Jesus nicht auf den Radikalismus der Pharisäer einging (Schatten), indem er den Sünder nicht von sich wies (Projektion, Sündenbock), sondern den »dunklen Bruder« annahm (Integration), verfiel er, obwohl versucht, nicht der Versuchung. Darin hat er archetypisch auf die Menschen und ihre Geschichte eingewirkt.«[2]

Zur Gestalt des Teufels gibt es auch eine Untersuchung von Sigmund Freud.[3] Dabei geht es um den Bericht eines Teufelspaktes, durch den sich der Maler Christoph Haintzmann dem Teufel verschrieben habe. Freud versteht den Teufel als Vatergestalt und als Ersatz, den sich der Maler für seinen verstorbenen Vater ausgewählt hat.

Freud sieht in der Gestalt des Teufels das ambivalente Vaterbild, der Teufel ist eine nach außen verlegte, negative Erfahrung des Vaters. Nach dieser Sicht würde Jesus der Versuchung widerstehen, sich auf eine infantile Phase regredierend fixieren zu lassen, ob dies nun die orale Phase (»Brot«), die anale Phase (»Geld, Schätze, Macht«) oder die ödipale Phase (Auseinandersetzung mit dem Vater) ist.

Zurück zur biblischen Erzählung: In ihr tritt der Teufel an Jesus heran – eben nicht als liebevolle Vaterfigur oder als Erzieher, sondern als Versucher. Ganz bibelfest tritt er auf und bedient sich frommer Zitate: »Wenn du Gottes Sohn bist«, sagt er, »dann mach aus Steinen Brot, nimm alle Reiche der Welt in Besitz und spring von der Zinne des Tempels herunter!«

Wie in einer Zeitraffer-Aufnahme sind in dieser Erzählung die Phasen der menschlichen Entwicklung dargestellt. In jeder wird Jesus in unterschiedlicher Weise versucht, in den Bereichen Genießen, Macht und Identität. Man könnte sagen: Was in der Entwicklung eines Menschen mehrere Jahre oder eher Jahrzehnte dauert, ist hier in einer einzigen Szene zusammengefasst.

Die Botschaft dieser mythologischen Geschichte könnte für uns sein: In den drei ersten Lebensabschnitten – als Kind, als Jugendlicher und als junger Erwachsener – gibt es jeweils neue Herausforderungen. Genießen und verzichten wollen gelernt sein, ebenso der richtige Umgang mit Macht und Unterordnung; schließlich gilt es, eine Identität herauszubilden und Grenzen zu achten.

Das Beispiel Jesu zeigt, dass es sehr wohl möglich ist, sich von diesen Versuchungen herausfordern zu lassen, sie zu bestehen und an ihnen zu wachsen. Jesus bestand sie, weil er in Gott verankert war. Es stimmt nicht, so würde der Evangelist Lukas sagen, dass wir ihnen blind ausgeliefert sind.

Am Ende lässt der Teufel »für eine gewisse Zeit« von Jesus ab. Wenn Sie das Lukasevangelium und das ganze Neue Testament durchblättern, finden Sie einige Hinweise darauf, wann der Teufel wiederkommt. Vielleicht war es nach der Brotvermehrung. Die Leute wollten Jesus zum König machen, damit er ihre materiellen Sorgen löst. Vielleicht ist das wieder die Versuchung, Macht und Einfluss auf andere Menschen auf magische Weise zu erreichen. Jesus soll den Leuten ein angenehmes Leben ermöglichen – dann werden sie ihn als König verehren. Aber Jesus entzieht sich ihnen und geht auf einen hohen Berg, um dort mit Gott, den er seinen Vater nennt, allein zu sein.

Vielleicht kommt der Teufel wieder beim Einzug nach Jerusalem. Jetzt ist die Stunde gekommen, in der die Massen ihm zujubeln. Wieder lässt sich das als eine Versuchung verstehen, Macht und Einfluss zuerst zu gewinnen und sie sodann zu erhalten. Vielleicht kommt der Teufel in den Garten von Gethsemani. Hätte Jesus sich nicht in der Dunkelheit leise davonstehlen können – aber um den Preis, seine Sendung, seinen göttlichen Auftrag zu verraten? In manchen Jesus-Filmen wird diese Versuchung so dargestellt. Seine letzte Versuchung mag darin bestanden haben, vom Kreuz herabzusteigen (vgl. Mt 27,40). Die Bibel berichtet uns das alles nicht so genau und nicht so eindrucksvoll wie die Versuchung in der Wüste, vor Beginn seines öffentlichen Wirkens. Aber vermutlich ist es nicht abwegig, wenn wir uns das so vorstellen.

Als Fazit für Jesus und für uns heutige Menschen bleibt, dass es mit dem Teufel keinen Friedensschluss und keine Versöhnung gibt. In der Versuchungsgeschichte Jesu lernen wir, damit zu rechnen, dass es bis zur Stunde unseres Todes niemals eine endgültige und klare Sicherheit gibt. Das ist unsere Situation als Menschen und als Christenmenschen in der Welt.

3. Die gefährlichen Aspekte von Versuchungen: Wir können darin untergehen

Leider geht es uns Menschen mit Versuchungen nicht immer so gut, wie es Jesus damit ging. Und leider erleben wir sie nicht immer als Bewährungsprobe oder als Reifungsschritt auf dem Weg zur Selbst-Werdung. Vermutlich wussten das die Menschen von Anfang an. Eine der bekanntesten Geschichten der Bibel handelt von den gefährlichen Aspekten der Versuchung. Wir können regelrecht untergehen, wenn wir ihnen erliegen. Ich meine die Erzählung von Adam und Eva im Paradies. Auch vielen Menschen, die sich im Christentum und in der Bibel kaum oder gar nicht auskennen, ist sie vertraut. Sie steht im 3. Kapitel des Buches Genesis und ist nach heutiger Sicht etwa im 9. Jahrhundert vor Christus entstanden, vermutlich am Hof des Königs von Israel.

Die Genesis, das erste Buch der Bibel, verarbeitet ältere Überlieferungen aus Traditionen des Volkes Israel und seiner Nachbarvölker über die Urgeschichte der Menschheit und der Welt. Der biblische Autor dieses Teils des Buches – der so genannte Jahwist – wählt solche Begebenheiten aus, die für die Menschen charakteristisch sind, und zeigt an einzelnen Personen – hier an Adam und Eva –, wie Gott die Menschen zur dauernden Gemeinschaft mit ihm beruft, wie sie dieses Beziehungsangebot aber ausschlagen und sich damit selbst immer tiefer ins Unheil stürzen. Er zeigt aber auch, wie Gott den Fluch in Segen wendet, an dem letztlich alle Menschen Anteil haben sollen.

Zunächst der Text: »Die Schlange war schlauer als alle Tiere des Feldes, die Gott, der Herr, gemacht hatte. Sie sagte zu der Frau: Hat Gott wirklich gesagt: Ihr dürft von keinem Baum des Gartens essen? Die Frau entgegnete der Schlange: Von den Früchten der Bäume im Garten dürfen wir essen; nur von den Früchten des Baumes, der in der Mitte des Gartens steht, hat Gott gesagt: Davon dürft ihr nicht essen und daran dürft ihr nicht rühren, sonst werdet ihr sterben. Darauf sagte die Schlange zur Frau: Nein, ihr werdet nicht sterben. Gott weiß vielmehr: Sobald ihr davon esst, gehen euch die Augen auf; ihr werdet wie Gott und erkennt Gut und Böse. Da sah die Frau, dass es köstlich wäre, von dem Baum zu essen, dass der Baum eine Augenweide war und dazu verlockte, klug zu werden. Sie nahm von seinen Früchten und aß; sie gab auch ihrem Mann, der bei ihr war, und auch er aß. Da gingen beiden die Augen auf und sie erkannten, dass sie nackt waren. Sie hefteten Feigenblätter zusammen und machten sich einen Schurz« (Gen 3,1–7).

Diese Versuchungsgeschichte können wir auf verschiedenen Ebenen verstehen: theologisch und philosophisch, historisch-exegetisch und tiefenpsychologisch, kulturhistorisch und naturmythologisch. Alle diese Sichtweisen haben ihr Recht, und man muss sich hüten, sie gegeneinander auszuspielen oder eine von ihnen zu verabsolutieren.

Mit ihnen möchte ich den Blick darauf lenken, wie Versuchungen wirken, wie es geschieht, dass wir Menschen in Versuchung fallen, und wie und ob es möglich ist, ihnen zu widerstehen. Eine umfassendere Interpretation der biblischen Geschichte vom Sündenfall würde den Rahmen dieses Buches sprengen und kann andernorts nachgelesen werden.[4]

Wieso tut Eva, die in Vers 3 genau weiß, was sie darf und was nicht, drei Verse später genau das Gegenteil? Wie kann es überhaupt geschehen, dass Menschen, die in der Obhut Gottes leben, die Lebensspielregeln, die er ihnen gegeben hat, übertreten und in Sünde fallen? Wie ist es möglich, dass Menschen lieber den eigenen Untergang wählen als der Weisung ihres Gottes treu zu bleiben?

Ich beschränke mich hier bewusst auf die Perspektive Evas und gehe nicht der Frage nach, ob vielleicht Gott Adam und Eva mit dem Baum der Erkenntnis absichtlich in Versuchung führt. Diese Frage könnte man ja stellen, zumal Neugier und Erkenntnisdrang wohl kaum etwas Böses sind!

Auf den ersten Blick scheint die Frage der Schlange völlig harmlos zu sein; die Schlange fragt ja nur nach Gottes Gebot. Aber sie verdreht die Frage so, dass sie die Freigabe des Gartens und das Verbot, von diesem einen Baum zu essen, miteinander vermischt und die Grenze zwischen Chance und Einschränkung zweideutig macht. Vielleicht wissen Sie, dass eine Bezeichnung für den Versucher »Diabolos«, also »Verwirrer« ist. Vermutlich ist in der deutschen Sprache dieser griechische Begriff die Quelle für das Wort »Teufel«. Das ist der, der alles durcheinanderwirft und vermischt, was nicht zusammenpasst.

Aus: »von allen Bäumen des Gartens darfst du essen«, macht die Schlange: »*nicht* von allen Bäumen des Gartens darfst du essen«. Damit unterstellt sie, dass es eine Freigabe des Gartens gar nicht gegeben hätte, so als wenn alles überschattet gewesen wäre von einem Verbot. Die Frage suggeriert: Gott ist ein ungeheuerlicher Despot, der den Garten nur schafft, um den Menschen darin wie den Tantalus aus der griechischen Mythologie zu quälen: Die Götter gaukeln ihm feinste Speisen vor, entziehen sie ihm aber immer wieder, wenn er danach greift. Mit dieser Vorstellung von Gott spielt die Schlange. Sie sät Misstrauen und Argwohn.

Die List der Schlange besteht darin, dass sie mit einer phantasierten Möglichkeit spielt und diese Möglichkeit der Phantasie neben die Realität des Wortes Gottes stellt. Sie benutzt ein Stück Wirklichkeit und verdreht es. So funktionieren Versuchungen. Sie müssen Anhalt haben an der Wirklichkeit. Sonst würde man ja nicht darauf hereinfallen!

Die Paradiesesschlange ist ein Geschöpf Gottes. Es kommt also nicht ein zweiter Gott zu Adam und Eva, um sie zu verführen. Wir können diesen Unterschied so verstehen, dass es für den biblischen Autor kein »Böses« gibt, das sich dem Machtbereich Gottes entzöge und autonom agierte. Theologisch gesprochen: Die Welt mit all ihren Geschöpfen und mit allem, was ist, ist Gottes Schöpfung und deswegen Gott ähnlich. Aber weil alle Geschöpfe Gott ähnlich sind, können sie auch mit ihm verwechselt werden. Weil auf allen Geschöpfen ein Widerschein der Herrlichkeit Gottes liegt, können sie für Gott gehalten und an seine Stelle gesetzt werden.

Es fällt auf, dass die erste Regung Evas auf die Frage der Schlange Zweifel und Misstrauen zu sein scheint. Eva verteidigt Gottes Gebot und versucht, Gott der Schlange gegenüber in Schutz zu nehmen. Aber es kommt dann wie so oft im Leben: Wer ein Gebot verteidigt, kann schon auf dem Weg sein, es zu übertreten.

Aus Zweifel und Misstrauen entstehen Angst und die Tabuisierung des gewünschten Gegenstandes. Gott erscheint ganz und gar bedrohlich. Eva hat am Ende Todesangst vor ihm. Das unmittelbare Vertrauen zu Gott zerbricht, die Sicherheit seiner Nähe wird zerstört. Gott hat sich in einen Dämon verwandelt, der bereit ist, die Todesstrafe über den Menschen zu verhängen. Die Schlange beseitigt die Todesdrohung, indem sie sich als Helferin des Menschen darstellt und Gott zum neidischen Gegner des Menschen erklärt. Sie kehrt das Verhältnis der Angst um und stellt die Größe der Strafe als Symptom der Angst Gottes vor dem Menschen dar.

Die vormals liebevolle Beziehung zwischen Gott und dem Menschen verändert sich in ein Verhältnis der Rivalität. Der Mensch will jetzt wirklich sein wie Gott. Adam und Eva versuchen, Ziele zu erreichen, auf die hin sie ursprünglich angelegt sind, die aber nur in Gemeinschaft mit Gott erreichbar sind. Wenn sie unabhängig von Gott oder gegen ihn angestrebt werden, vergrößern sie nur das Zerwürfnis. Verzweifelt möchten sie sich wie ein Gott selbst erschaffen und sein wie Gott *ohne* Gott. Aber damit sind sie in ihrer eigenen Haut zu Fremden geworden.

Ihre »Sünde« ist nicht in erster Linie ein moralisches Versagen, sondern ein Fehlverhalten am Grunde ihrer Existenz. Sünde ist nicht das Gegenteil von Tugend, sondern von Glauben. Und die eigentliche Strafe für den Sündenfall besteht in der Verwandlung ihres ganzen Daseins in Angst. Ihr Dasein verwandelt sich für sie in eine Hölle, gerade dann, wenn sie glauben, es in ein Paradies zurückzuverwandeln.

In der Erzählung vom Sündenfall schildert der Jahwist, wie das Böse vom Menschen Besitz ergreift. In seiner bildhaften Darstellung des menschlichen Daseins zeichnet er hervorragend die folgenschwere Entscheidung, entweder zu verzweifeln oder sich vom

Glauben tragen zu lassen. Wir Menschen hätten die Wahl, angesichts der Ausweglosigkeit unseres Daseins entweder in Todessehnsucht zu versinken oder eine Erfahrung in unser Leben aufzunehmen, welche die Angst der Ausweglosigkeit am Ende überwindet. Wir können wählen, ob wir das Leben in der Nähe Gottes haben wollen oder die Trennung von Gott.
Erst im Glauben an Gott, so sagt der biblische Autor, gelangt der Mensch zu einem geordneten Verhältnis zu sich selbst und zu den anderen und überwindet den Zwang, von sich selbst und von anderen Gottähnlichkeit zu verlangen. Es ist ein und dasselbe, an Gott zu glauben und mit sich und aller Welt wieder ins rechte Lot zu kommen.

4. Die subtilen Aspekte von Versuchungen

Psychologische Gesichtspunkte

Schauen wir nach diesem Blick in die Bibel nun auf uns Menschen in der heutigen Zeit. Von einem tiefenpsychologischen Ansatz her kann man sagen: Jeder Mensch hat die Aufgabe, nach seiner leiblichen Geburt in einem lebenslangen Arbeits- und Lernprozess seine Identität »zur Welt zu bringen«. Dazu muss er nicht nur der Befriedigung seiner Bedürfnisse Raum geben, sondern ebenso sein Leben auf Werte hin ausrichten, wobei er erlernte und übernommene Werte natürlich kritisch prüfen sollte, bevor er sie in das eigene Lebenskonzept integriert.[5]

So steht jeder Mensch sein Leben lang in der Spannung, einerseits sein Leben auf Werte hin auszurichten und anderseits seine vitalen Bedürfnisse zu befriedigen. Die Vorstellung, die jemand idealtypisch von sich hat, kann man als sein »Ideal-Ich« bezeichnen und die Realität – so wie jemand tatsächlich lebt – als sein »Real-Ich«. »Der, der ich bin, grüßt traurig den, der ich sein möchte« – das drückt diesen Unterschied treffend aus.

Noch einmal: Das *Ideal-Ich* enthält die Gesamtheit der Werte, Ziele und Leitideen einer Person. Vor allem religiöse und ethische Werte im Ideal-Ich ermöglichen es einem Menschen, sich selbst auf ein Ziel hin zu »transzendieren«. Das *Real-Ich* umfasst seine tatsächlichen Eigenschaften und Charakterzüge und kann an seinen bewussten und verborgenen Bedürfnissen erkannt werden.

Konkret gesprochen, würden Christinnen und Christen wohl als Grundwerte, auf die hin sie ihr Leben ausrichten wollen, angeben: ein Leben in Verbundenheit mit Gott, Nachfolge Jesu und tätige Nächstenliebe. Weitere Werte ergeben sich aus der gewählten – oder auch vom Schicksal auferlegten – Lebensform.
Wer in einer Partnerschaft lebt und eine Familie und Kinder hat, würde wohl als lebensbestimmende Werte nennen: exklusive Liebe und ausgewogenes Geben und Nehmen in der Partnerschaft und in der Sorge für die Kinder. Wer in einem Orden lebt, würde vermutlich angeben: ein einfaches Leben und Gütergemeinschaft, die Bereitschaft, Aufgaben im Sinne der Gemeinschaft zu übernehmen, auch wenn sie persönlich nicht allzu befriedigend sind, und die tendenzielle Offenheit für echte Liebe zu den Menschen. Und wer Single ist, würde noch andere Nuancen angeben. Ein eigenes Thema wäre, was zu dieser Frage Christen und Christinnen sagen, die nicht zur europäischen Mittelschicht, sondern zum sozial unteren Drittel der Zwei-Drittel-Gesellschaft gehören, oder jene, die in Kriegsgebieten leben oder wegen ihres Glaubens verfolgt werden.
Die Kehrseite der Medaille sieht so aus, dass jeder Mensch gut beraten ist, wenn er seine Bedürfnisse klar sieht, jedenfalls soweit sie ihm bewusst sind. Sie bekommen mehr Klarheit, wenn Sie sich – am besten, ohne zu bewerten – beispielsweise fragen: Welche Bedürfnisse habe ich in Bezug auf Sexualität, Macht und Geld? Wie möchte ich Geld und Gut erwerben? Wie Macht und Einfluss ausüben? Wie möchte ich streiten und meine Aggressionen leben? Welche Phantasien und Wünsche habe ich in meiner sexuellen Orientierung?

Wenn Sie diese Fragen für sich beantworten, werden Sie zunächst nur jene Bedürfnisse wahrnehmen, die Ihnen schon bewusst sind – klar! Denn die unbewussten bekommt man ja durch Nachdenken nicht heraus – was nicht heißt, dass sie nicht dennoch wirksam sind!

Weiter werden Sie vermutlich entdecken, dass es Bedürfnisse gibt, die mit Ihren Werten und – wenn Sie als Christ oder Christin leben wollen – mit den Werten des Glaubens leichter vereinbar sind, und solche, die schwerer damit vereinbar sind. Ein Beispiel: Der Wunsch, seine Zuneigung einem anderen Menschen zu zeigen oder konstruktiv mit ihm zu streiten, ist mit den Werten des Evangeliums gut vereinbar. Dagegen wäre das Bedürfnis, sich anderen Menschen gegenüber klein und abhängig zu machen oder sich ihnen zu unterwerfen, nur schwer damit in Einklang zu bringen.

Diese Grundspannung zwischen Ideal-Ich und Real-Ich prägt das Leben jedes Menschen, jedoch kann sie auf recht unterschiedliche Weise gelebt werden. Dabei gibt es reifere und weniger reife Formen. Die Form des Umgehens ist umso reifer, je mehr es gelingt, die verschiedenen Anteile des Ideal-Ichs und des Real-Ichs zu integrieren, ohne bestimmte Anteile abzuspalten oder einige auf Kosten anderer zu leben, und je mehr es weiterhin gelingt, die verschiedenen Anteile des Ichs so zu integrieren, dass dabei die persönlichen Bedürfnisse mit den eigenen Werten übereinstimmen. Von einem tiefenpsychologischen Ansatz ausgehend, können, etwas vereinfacht, drei Formen unterschieden werden, diese Spannung zu leben.

– *Die reife, voll entfaltete Form:*
Verschiedene Bedürfnisse werden wahrgenommen. Entweder gelingt es, sie in das Ganze der Persönlichkeit so zu integrieren, dass ihre Befriedigung der Ausrichtung des eigenen Lebens auf Werte nicht widerspricht. Oder wenn sie den Werten widersprechen, verzichtet jemand bewusst und gewollt – um seiner Werte willen – auf ihre Befriedigung. Personen, die die Spannung zwischen ihrem Ideal-Ich und ihrem Real-Ich vorwiegend auf diese Weise leben, setzen sich realistische und zugleich herausfordernde Ziele und stellen sich Aufgaben, an denen sie wachsen können. So leben sie diese Grundspannung auf kreative Weise.

– *Die eingeschränkt-behinderte Form:*
Bedürfnisse können oder dürfen nicht wahrgenommen werden; sie fristen ein Schattendasein. Infolgedessen können sie weder direkt befriedigt werden noch ist ein freiwilliger und bewusster Verzicht möglich. Stattdessen kommt es zu einer möglicherweise unbewusst bleibenden Bedürfnisenttäuschung, die sich oft als vage wahrgenommenes Gefühl der inneren Unzufriedenheit oder des Frustriertseins äußert. Als blinde Passagiere führen diese Bedürfnisse ein Eigenleben, das vom Bewusstsein oft als Bedrohung wahrgenommen oder als Schuldgefühl erlebt wird. Die Angst vor solchen als unangenehm erlebten Gefühlen führt dazu, dass Lebensmöglichkeiten eingeengt werden. Die Grundspannung zwischen Real-Ich und Ideal-Ich kann nur in einer eingeschränkt-behinderten Form gelebt werden. Diese Behinderungen entstehen und beharren im Wesentlichen durch die Dynamik des Unbewussten.

– *Die krankhafte Form:*
Die innere Struktur der Person ist nur fragmentarisch ausgebildet. Sie merkt gar nicht, dass zwischen Werten und Bedürfnissen ein Unterschied besteht, geschweige dass sie die Spannung zwischen beiden konstruktiv bewältigen kann. Wir müssen von einer leichten oder schwereren Form der Charakterstörung oder Desorganisation des Ich, im Extremfall von einer psychotischen Erkrankung sprechen.

Versuchungen setzen da an, wo ein Mensch seine blinden Flecken hat, also keine klare Sicht in eigener Sache. Je klarer jemand seine Lebenswerte benennen kann und je realistischer er um seine Bedürfnisse weiß, desto mehr ist er fähig, sein Leben immer mehr auf Werte hin auszurichten und zugleich seine Bedürfnisse menschen- und situationsangemessen zu befriedigen oder auf ihre Befriedigung zu verzichten. Und desto weniger wird er den Versuchungen blind erliegen.
Und umgekehrt: Je weniger klar ein Mensch seine Lebenswerte benennt und je weniger deutlich er seine Bedürfnisse kennt, desto mehr blinde Flecken hat er und desto anfälliger wird er für Versuchungen sein.
Das Leben eines Menschen scheint dann geglückt und weniger anfällig für Versuchungen zu sein, wenn es ihm gelingt, die Spannung zwischen Werten und Bedürfnissen in reifer Weise zu leben.

Versuchungen unter dem Schein des Guten

Eine echte Schwierigkeit liegt darin, dass wir Menschen Versuchungen oft gar nicht so leicht als solche erkennen. Leider zeigen sie sich oft nicht grob und offenkundig. Sie sind eher subtil oder geben vor, dass wir etwas Kostbares und Wertvolles gewinnen, wenn wir das tun, wozu die Versuchung uns reizt.

Haben Sie in Ihrer Schulzeit im Deutschunterricht Friedrich Schillers Ballade »Der Taucher« auswendig gelernt oder im Musikunterricht Franz Schuberts Vertonung des Tauchers angehört? Wenn ja, haben Sie bereits ein erstes Verständnis für das Folgende.

Ein König wirft einen goldenen Becher von einer Klippe in den Meeresstrudel und verspricht ihn dem Ritter oder Knappen, der ihn vom Grund des Meeres wieder heraufholt. Kein Ritter traut sich das zu. Schließlich springt ein Edelknabe vom Felsen ins Meer. Tatsächlich holt er den goldenen Becker heraus und berichtet von den »Salamandern und Molchen und Drachen«, die sich »regen in dem furchtbaren Höllenrachen«. Der König wiederholt das grausame Spiel – seine Motive wären eine eigene Erörterung wert! – und verspricht ihm die Ehe mit seiner Tochter, wenn er den Becher ein zweites Mal heraufholt. Aber diesmal misslingt nicht nur das Heraufholen des Bechers, sondern der Edelknabe verliert Leib und Leben, wie das Ende der Ballade zeigt:

»Drauf der König greift nach dem Becher schnell,
In den Strudel ihn schleudert hinein:
›Und schaffst du den Becher mir wieder zur Stell‹,
So sollst du der trefflichste Ritter mir sein,
Und sollst sie als Ehgemahl heut noch umarmen,
Die jetzt für dich bittet mit zartem Erbarmen.‹

Da ergreift's ihm die Seele mit Himmelsgewalt,
Es blitzt aus den Augen ihm kühn,
Und er sieht erröten die schöne Gestalt,

Und sieht sie erbleichen und sinken hin;
Da treibt's ihn, den köstlichen Preis zu erwerben,
Und stürzt hinunter auf Leben und Sterben.

Wohl hört man die Brandung, wohl kehrt sie zurück,
Sie verkündet der donnernde Schall;
Da bückt sich's hinunter mit liebendem Blick,
Es kommen und kommen die Wasser all',
Sie rauschen herauf, sie rauschen nieder,
Den Jüngling bringt keines wieder.«

Die Aussicht, noch heute die schöne Königstochter »als Ehgemahl zu umarmen«, lässt ihn alle Klugheit vergessen. Dabei hatte er selbst dem König als Erstes gesagt, als er wieder aus dem Meeresstrudel aufgetaucht war: »Der Mensch versuche die Götter nicht und begehre nimmer und nimmer zu schauen, was sie gnädig bedecken mit Nacht und mit Grauen.«
So ist das leider oft, wenn wir Menschen in Versuchung fallen. Versuchungen bestehen ja nicht darin, dass wir etwas Schlechtes oder Abstoßendes haben wollen. Sondern sie gaukeln uns vor, dass wir etwas Wertvolles und Kostbares bekommen. Beim Taucher ist es die Aussicht auf die Ehe mit der wunderschönen Königstochter, bei uns zumindest ein Abenteuer, ein Genuss oder eine Erweiterung von Lebensmöglichkeiten.
Offenbar braucht man ein gutes Unterscheidungsvermögen, um diese Art von Versuchungen zu entlarven! Bildlich gesprochen: Der Teufel zeigt sich meistens nicht mit Bockshörnern, Schwefelgestank und Pferdefuß, sondern er verkleidet sich gern als Engel des Lichtes, als »Luzifer«, was wörtlich »Licht-Träger« bedeutet. Die christliche Tradition spricht deswegen von den Versuchungen unter dem Schein des Guten.

In der Erzählung der Versuchung Jesu in der Wüste lesen wir, dass der Teufel zu Jesus sagt: »Wenn du Gottes Sohn bist, so stürz dich hinab; denn es heißt in der Schrift: Seinen Engeln befiehlt er, dich auf ihren Händen zu tragen, damit dein Fuß nicht an einen Stein stößt.« Wenn der Teufel Jesus darauf anspricht, dass er Gottes Sohn ist, sagt er zunächst etwas Wahres und Richtiges. Jesus als Sohn Gottes anzuerkennen ist in der Tat gut. Aber Jesus entlarvt die Absicht des Teufels, ihn von seinem Weg abzubringen, und widersteht der Versuchung.

Ein zweites Beispiel: Eine Legende aus dem Leben des heiligen Martin erzählt, dass ihm einst der auferstandene Christus erschien, gekleidet wie ein König. Martin wunderte sich sehr darüber. Als der vermeintliche Auferstandene mit ihm zu reden begann, kam ihm irgendetwas an der Sache komisch vor, und er bat ihn: »Zeig mir doch deine Wundmale!« Das konnte er aber nicht; denn er hatte keine Wundmale. Vielmehr entpuppte sich der vermeintliche Auferstandene als der Teufel. Er verließ Martin »und ließ die ganze Zelle voll Gestank«.[6]

Wir können diese Legende so verstehen, dass der heilige Martin bei der Suche, was er mit seinem Leben anfangen will, die Realität von Verwundung und Leiden ausblenden möchte. Vor allem möge die religiös-spirituelle Dimension seines Lebens frei sein von Schmerzen! Er merkt, dass da etwas nicht stimmt, und kann die Vision als eine Versuchung unter dem Schein des Guten entlarven.

Ignatius von Loyola berichtet einige Male von Versuchungen unter dem Schein des Guten. Recht bekannt ist eine Episode nach der Heilung seiner Kriegsverletzung. Auf der Pilgerreise zum Berg Montserrat begegnet ihm ein Maure; so nannte man die nach der spanischen Rückeroberung von Granada (1492) im Land verbliebenen Muslime, die sich hatten taufen lassen, um ihrer Vertreibung zu entgehen.

Die beiden legen ein Stück des Wegs gemeinsam zurück. Im Gespräch bestreitet der Maure, dass Maria Jungfrau gewesen sei. Ignatius – noch ganz in mittelalterlichen Ritteridealen verfangen – überlegt, ob er dem Mauren ein paar Dolchstöße versetzen soll, um die Ehre der Jungfrau Maria wiederherzustellen, was ihm als etwas Gutes und Richtiges erscheint. Weil er sich nicht sicher ist, ob er das tun oder lassen soll, überlässt er seinem Maultier die Entscheidung. Das Reittier ist klüger als sein Reiter und schwenkt an der nächsten Weggabelung in die eine Richtung ab, während der Maure den anderen Weg nimmt und so sein Leben und seine Gesundheit rettet.[7]

Später kommentiert Ignatius diese und ähnliche Episoden so, dass er damals noch nicht wusste, was »Demut, Liebe und Geduld« sind, und das erst lernen musste. Die Herausforderung der Begegnung mit Andersdenkenden gab es also schon damals; und sie ist heute so aktuell wie ehedem. Nicht wenige Menschen werden heute die Versuchung spüren, Andersdenkende »mit ein paar Dolchstößen« von der Richtigkeit der eigenen Auffassung zu überzeugen!

Weitere Versuchungen unter dem Schein des Guten erlebte Ignatius als Student in Barcelona und später noch einmal in Paris.[8] Wenn er in einer Vorlesung saß und eigentlich dem Professor zuhören wollte, kamen ihm »fromme und heilige« Gedanken und »neue Einsichten geistlicher Dinge«, wie er schreibt, so dass er abgelenkt war vom Studium und keine Fortschritte machte.

Fromme und heilige Gedanken sind sicherlich gut. Nur musste er erleben, dass er – wenn er sich auf sie einließ und ihnen nachging – mit dem Studium nicht weiterkam. Als er sie als Versuchungen durchschaut hatte, achtete er darauf, sich in ablenkende Gedanken während der Vorlesung nicht mehr einzuklinken, so fromm und heilig sie in sich auch sein mochten.
Aus diesen Beispielen können wir festhalten:
- Versuchungen sind oft subtil, und der »Teufel« verkleidet sich gerne als »Engel des Lichts«.
- Es kann eine Weile dauern, die Versuchungen unter dem Schein des Guten als solche zu entlarven.
- Wie alle Versuchungen wollen auch die unter dem Schein des Guten uns Menschen etwas vorgaukeln. Sie wollen uns vom Wachsen in Glaube, Hoffnung und Liebe wegbringen oder, wie Ignatius es formulierte, zu einem Leben ohne »Demut, Liebe und Geduld« verleiten.

Versuchungen, beim Guten stehen zu bleiben, statt das Bessere zu wählen

Wieder einige Beispiele: Ein Student spürt, dass ihn sein Studium der Betriebswirtschaft letztlich nicht ausfüllt und dass die Aussicht, ein Leben in materieller Sicherheit nach den Spielregeln der bürgerlichen Mittelschicht zu führen, keinen Reiz für ihn hat. Er macht nach dem Vordiplom ein freiwilliges soziales Jahr in einem sozialen Brennpunkt und beginnt im Anschluss ein Pädagogikstudium. Gleichzeitig ist er sich nicht sicher, ob das zu erwartende Pädagogengehalt seine Ansprüche an Lebensqualität erfüllen wird.
Eine junge Frau spürt wieder und wieder die »Versuchung« in sich, den Lebensentwurf, in ein Kloster ein-

zutreten, ernsthaft zu prüfen. Sie informiert sich gründlich, verbringt eine Probezeit in einem kontemplativen Kloster und bespricht sich mit einer kundigen Begleiterin. Gleichzeitig zweifelt sie daran, ob sie fähig sein wird, auf die Dauer ein Leben ohne Familie und Kinder zu führen.

Ein erfolgreicher Manager überlegt, was er in den Jahren nach dem Ausscheiden aus seiner Firma tun möchte. Statt mit seiner Frau im Wohnmobil durch Europa zu touren, engagiert er sich ehrenamtlich in einem Projekt für Arbeitslose und bringt dort seine fachlichen Kompetenzen und Kenntnisse ein. Er ist sich aber nicht sicher, ob er nicht mehr Zeit für seine erwachsenen Kinder und seine Enkel freihalten sollte.

Gott sei Dank stimmt es ja nicht, dass alle Versuchungen dazu führen, dass wir Menschen ihnen erliegen und dann zum Scheitern verurteilt sind. Wir Menschen haben die Fähigkeit, Versuchungen als solche zu erkennen und ihnen zu widerstehen. Und wir sind durchaus fähig, uns nicht nur mit dem Guten zufriedenzugeben, sondern statt des Guten das Bessere zu tun.

Der Student spürt durchaus die Faszination eines Lebens in materieller Sicherheit. Für die junge Frau ist bei der Idee, in einen Orden einzutreten, das Motiv keineswegs ein Mangel an Gelegenheit zu anderem; der Lebensentwurf »Familie und Kinder« wäre eine echte Alternative! Für den pensionierten Manager ist ein Ruhestand mit der Fürsorge für Kinder und Enkel durchaus attraktiv.

Nun bin ich keineswegs der Auffassung, dass ein Pädagogikstudium generell besser sei als eines der Betriebswirtschaft, noch halte ich den Lebensentwurf

Ordensleben für grundsätzlich besser als den der Partnerschaft. Ebenso wenig meine ich, dass ein ehrenamtliches Engagement grundsätzlich ethisch höher sei als die Zuwendung zu Kindern und Enkeln.

Die Beispiele zeigen nur, dass jeder und jede für sich persönlich herausfinden will, was für sein und ihr einmaliges und einzigartiges Leben das jeweils Bessere ist – das sagt überhaupt nichts dazu aus, ob für andere Personen oder für den Rest der Welt nicht das genaue Gegenteil das Bessere sein kann. Sorgfältig ist zu unterscheiden, welchen Impulsen jemand sein Zutrauen schenken will. Und das ist oft gar nicht so einfach.

Ein erstes Kriterium wird die größere Fruchtbarkeit sein: Welche Alternative bringt mehr Frucht, womit können Sie für sich und Ihre Mitmenschen *mehr* Gutes tun? Ein zweites Kriterium ist die größere innere Zufriedenheit: Welche Alternative bringt Ihnen *mehr* Freude, mehr inneren Frieden und mehr Erfüllung?[9]

Wenn Sie sich daran erinnern, was wir vor ein paar Seiten über die Ausrichtung des eigenen Lebens auf Werte überlegt haben, dann wird es gut sein, dass Sie sich zunächst ihre Werte ins Bewusstsein rufen. Worauf gründe ich mein Leben, was ist mir besonders wichtig, was will ich erreichen? Nach den Worten Jesu (Mk 12,28–34 und Parallelen) ist das wichtigste Gebot Gottes, dass wir Menschen Gott, unsere Mitmenschen und uns selbst lieben. Anders gesagt, es geht um eine geordnete Selbst-, Nächsten- und Gottesliebe. Die Balance zwischen diesen drei Polen ist immer wieder zu suchen und wird vermutlich nie endgültig gefunden.

Klärungsprozesse

Solch ein Klärungsprozess kommt dann in Gang, wenn ein Mensch die von ihm erlebten inneren und äußeren Bewegungen und Antriebe daraufhin prüft, ob sie ihn mehr zu Gott, zu seinen Mitmenschen und zu seiner Identität führen oder eher davon weg, und wenn er sich dabei den Realitäten der Welt und der Menschen um sich herum stellt. Nur so wird er zu Entscheidungen fähig, welchen Weg er vor Gott gehen möchte. Dies ist gemeint, wenn in der christlichen Spiritualität vom »Suchen und Finden des Willens Gottes« die Rede ist.

Was bewegt mich, und wohin bewegt es mich? Das ist keine rein theoretische Frage. Wenn Sie aufmerksam auf sich selbst sind, auf Gott, auf die Welt und auf die Menschen um sich herum, dann wird durch diese *drei Pole der Aufmerksamkeit* gleichsam ein Spannungsfeld abgesteckt, innerhalb dessen ein solcher Klärungsprozess stattfinden kann. *Einerseits* ist Ihre Aufmerksamkeit erforderlich für Ihre Mitmenschen und die äußeren Ereignisse der Welt. Eine *zweite Aufmerksamkeit* richtet sich auf das Geheimnis Gottes. Dies geschieht ausdrücklich im Gebet, in der Meditation, in der Liturgie, im Lesen und im Betrachten der Heiligen Schrift. Die *dritte Richtung* geht auf die Regungen und Antriebe, die sich in Ihrem Inneren einstellen, damit Sie also sensibel werden und ein Gespür für die Gefühlsregungen, Abläufe, Stimmungen und Gedanken in Ihrem Inneren entwickeln.

Wenn diese drei Pole der Aufmerksamkeit im Bewusstsein miteinander in Beziehung treten, dann beginnt der eigentliche Prozess der Unterscheidung, was für Sie in Ihrer einmaligen und konkreten Lebenssituation das Bessere sein könnte. Die äußeren Ereignisse wirken sich auf die Wahrnehmung des Mysteriums Gottes aus. Dadurch wird sich die Gottesfrage oft überhaupt erst stellen. Umgekehrt wirkt sich der Glaube an Gott auf die Wahrnehmung der äußeren Ereignisse aus. Ignatius beschreibt dies mit dem Schlüsselwort: »Gott in allen Dingen suchen und finden.«

Ebenfalls wirkt der Glaube an Gott auf die inneren Ereignisse in einem Menschen. Er oder sie fühlt sich etwa von Gott angenommen oder verstoßen. Auch die inneren Ereignisse wirken sich auf den Glauben aus. So kann etwa eine große Niedergeschlagenheit dazu führen, auch jeden Geschmack am Glauben, am Gebet und am religiösen Leben zu verlieren. Die äußeren Ereignisse eines Menschen wirken sich auf sein Inneres aus, indem er von ihnen sensibilisiert wird oder indem sie ihn kaltlassen.

Die inneren Regungen und Zustände beeinflussen aber auch die Art, wie jemand seine Wirklichkeit wahrnimmt, ob etwa ein Nörgler in jeder Suppe das berühmte Haar findet. Dies soll nur verdeutlichen, wie durch die dreifache Aufmerksamkeit ein Unterscheidungsprozess in Gang kommt.

Wie geht es weiter? Ignatius von Loyola hat aus seiner Lebenserfahrung ein Schema entwickelt, das verschiedene Phasen eines Unterscheidungsprozesses, die im konkreten Leben natürlich nicht immer so ablaufen, in eine sinnvolle Reihenfolge bringt. In Anlehnung an Ignatius unterscheide ich fünf Schritte. Der erste Schritt blickt vor allem zurück auf die Ursachen, der fünfte nach vorne aufs Ziel; dazwischen liegen die übrigen drei Schritte.[10]

Erster Schritt: Erspüren, wahrnehmen

Es hilft immer, Gefühle und Befindlichkeiten zunächst wahrzunehmen, sie aber nicht zu werten. Eine frühzeitige Bewertung verhindert in der Regel das Wahrnehmen aller Regungen. Viele Menschen haben verlernt, bestimmte Regungen bei sich wahrzunehmen. Unbequeme oder unerträgliche Gefühle werden im Laufe der Entwicklung oft verdrängt. Versuchen Sie doch einmal, Gefühle und Wünsche in sich wahrzunehmen und zuzulassen, die mit Ihrem Wertesystem nicht übereinstimmen!

Zweiter Schritt: Erkennen und verbalisieren

Etwas unterschwellig zu spüren ist nicht gleichbedeutend damit, es auch zu erkennen. Jemand spürt zum Beispiel ein unterschwelliges Unbehagen, erkennt aber erst nach längerer Zeit, dass es sich dabei um eine Enttäuschung über eine bestimmte Person handelt. Es ist schon viel erreicht, wenn jemand versucht, etwas so Wahrgenommenes in Worte zu fassen. Dies ist übrigens eine der wesentlichen Funktionen der geistlichen Begleitung wie auch einer therapeutischen Beratung: dem Gegenüber zu helfen, Wahrgenommenes in Worte zu fassen und sich gegenüberzustellen.

Dritter Schritt: Differenzieren

Dieser Schritt geht davon aus, dass Regung nicht gleich Regung und Gedanke nicht gleich Gedanke ist. Dazu zwei Beispiele: Häufig werden Probleme auf einer Sachebene verhandelt, die in Wirklichkeit ihre Wurzeln in einem Beziehungskonflikt haben. Wenn es jemandem gelingt, die Regungen und Gedanken dieser beiden Ebenen zu differenzieren, ist für einen Unterscheidungsprozess schon viel gewonnen. Bekannt ist auch das Phänomen der so genannten Übertragungsreaktion. Wenn jemand etwa erkennt, dass seine heftigen Autoritätskonflikte mit dem Vorgesetzten ihre Wurzel in einem ungelösten Kindheitskonflikt mit dem Vater haben, hat er einen großen Fortschritt gemacht.

Vierter Schritt: Unterscheiden
Ich prüfe verschiedene Regungen und Antriebe daraufhin, ob sie mich mehr zu Gott führen oder mehr von ihm weg. Ich versuche zu unterscheiden. Wenn ich eher diesem oder eher jenem Impuls meine Zustimmung gäbe: Welche Entscheidung würde mich meinen Mitmenschen gegenüber *mehr* zu einem freien und liebenden Menschen machen? Und welches Verhalten ist *mehr* Ausdruck meiner geordneten Selbstliebe?

Fünfter Schritt: Entscheiden
Ideal gesehen, stellt sich als reife Frucht dieses Prozesses eine Entscheidung ein. Natürlich folgt in der Realität ein Schritt meist nicht genau nach dem anderen. Vielmehr ergibt sich dieses Schema eher mit Notwendigkeit, wenn bestimmte Regungen und Gedanken sich zu einem Entscheidungsprozess hin ordnen.

Dieses Schema ist gewiss kein Patentrezept. Es kann aber in konkreten Situationen des Entscheidens helfen, Erfahrungen zu identifizieren, zu ordnen und zu deuten. Mit den großen Meistern des spirituellen Lebens warnt Ignatius immer wieder vor Selbsttäuschung in Versuchungen und in Entscheidungen. Keiner ist vor ihnen gefeit, Anfänger erst recht nicht. Jeder, der vom Guten zum Besseren vorankommen will, ist daher gut beraten, sich einen kundigen Begleiter oder eine kluge Begleiterin zu suchen.

5. Versuchungen erkennen und bewältigen

»... und führe uns nicht in Versuchung«

Als die Jünger beten lernen wollen, lehrt Jesus sie das Vaterunser. In der sechsten der sieben Vaterunser-Bitten beten wir zu Gott: »Und führe uns nicht in Versuchung.« Vielleicht haben sich die meisten Christinnen und Christen schon so sehr an diese Formulierung gewöhnt, dass sie sich gar nicht mehr über sie wundern. Denn müsste es uns nicht erstaunen, Gott selbst als Verursacher unserer Versuchungen anzusehen?
Manche Übersetzer versuchen es auch mit Formulierungen wie »behüte uns in der Versuchung« oder »lass uns nicht in Gefahr kommen, dir untreu zu werden« und Ähnlichem. Aber solche Wortwahl schwächt die Radikalität der Worte Jesu ab und verwischt, dass nach den Worten Jesu Gott der Vater selbst gebeten wird, uns nicht in Versuchung zu führen.
Der jüdische Schriftsteller Pinchas Lapide ist der Auffassung, dass Jesus dies nicht gemeint haben kann. Er rückübersetzt den griechischen Text ins Hebräische. Dann hieße die sechste Vaterunser-Bitte: Lass mich nicht der Versuchung unterliegen.[11] Als vom Geist inspirierter und damit gültiger Text steht für Christen aber der griechische Wortlaut des Evangeliums. Man wird auch argumentieren, dass der Evangelist – hätte Jesus etwas anderes gemeint – es auf Griechisch auch anders niedergeschrieben hätte.
Der griechische Text des Neuen Testamentes ist eindeutig sowohl im Vaterunser-Text bei Matthäus wie in der kürzeren und wohl älteren Fassung bei Lukas:

»Und bringe uns nicht in die Versuchung hinein« (Mt 6,13; Lk 11,4); Jesus lehrt, dies zu Gott dem Vater zu beten!

Die Älteren von Ihnen mögen sich, wenn Sie am Religionsunterricht teilgenommen haben, an den grünen Kinderkatechismus erinnern, der bis Anfang der Sechzigerjahre des vergangenen Jahrhunderts in Gebrauch war. Gott als Ursache von Versuchungen wurde darin nicht genannt. Ganz im Sinne der klassischen Schul-Theologie beschrieb und erklärte der Katechismus, dass es drei Gründe gibt, warum wir in Versuchung geführt werden: Dies seien die Welt um uns, die bösen Neigungen in uns und der Teufel als Feind der menschlichen Natur.

Diese Ideen zu übersetzen ist gar nicht so schwer: Die Welt um uns ist Gottes Schöpfung, von Gott als gute Schöpfung erschaffen und erlöst. Deswegen ist sie so faszinierend für uns. Weil sie Gott ähnlich ist, können wir sie mit ihm verwechseln. Der Versuchung durch die Welt zu erliegen würde heißen: Wir vergöttlichen die Welt, statt sie transparent zu sehen hin auf Gott. Die bösen Neigungen in uns können wir verstehen als unsere bleibende Tendenz, sein zu wollen wie Gott. So hat die Kirche immer wieder betont, dass die Tendenz, das Böse zu tun und das Gute zu lassen, auch dem »erlösten Menschen« weiterhin innewohnt.[12]

Im zweiten Kapitel habe ich Ihnen vorgeschlagen, den Teufel als den Feind der menschlichen Natur psychologisch zu verstehen als Projektion eigener unbewusster Triebe. An dieser Stelle lässt sich das Verständnis erweitern. Die Versuchung durch den Teufel sehen wir nun auch als die Versuchung durch Böses in Strukturen. Um ein Beispiel zu nennen: Wer zur Zeit der Apartheid in Südafrika Mitglied der bürgerlichen

Mittel- oder Oberschicht war, atmete sozusagen die Versuchungen, die von der Apartheid ausgingen, wie die Bazillen in der Luft ein; und es bedurfte besonderer Anstrengung, diesem teuflischen System zu widerstehen.

Aber wie man's auch dreht und wendet: Wer, wenn nicht Gott selbst, sollte die letzte Ursache für Versuchungen sein? Christen und Christinnen können Gott zutrauen, dass er selbst Anlass für eine katastrophale Krise des Glaubens sein kann. Manchmal denke ich, dass die Vaterunser-Bitte »und führe uns nicht in Versuchung« aus der menschlichen Erfahrung und Erkenntnis geboren ist, dass Versuchungen ausgesprochen schwierige, Energie kostende Situationen sind und wir am liebsten zu Gott sagen möchten: »Sag mal, kennst du mich nicht? Ich fühle mich so schwach, wenn ich in Versuchung geführt werde. Und ich falle so leicht! Kannst du mir das nicht ersparen oder wenigstens ein bisschen leichter machen?«

Das Alte Testament geht noch weiter. Beim Propheten Jesaja ist das Eingeständnis Gottes zu lesen, dass er selbst nicht nur das Gute, sondern auch das Böse will und bewirkt. Dort sagt die Gottesstimme: »Ich bin der Herr und sonst niemand. Ich erschaffe das Licht und mache das Dunkel, ich bewirke das Heil und erschaffe das Unheil. Ich bin der Herr, der das alles vollbringt« (Jes 45,6–7).

Gott hat, so scheint es dort – und das entspricht auch den Versuchungs- und Leidenserfahrungen gläubiger Menschen – offenbar eine helle und eine dunkle, eine erbarmende und eine erbarmungslose Seite, und es will keinem frommen Denken und Sinnen gelingen, die Vereinbarkeit beider zu ergründen.[13] So könnte die Vaterunser-Bitte »erlöse uns von dem Bösen« auch

bedeuten: Erlöse uns von dir, von deiner dunklen und bösen Seite.
Für versuchte und angefochtene Menschen ist der Gottesglaube immer eng benachbart mit dem Unglauben und stets, wie der große Theologe Karl Rahner von sich selbst sagte, angefochten vom Atheismus. Letztlich gibt es kein Sich-Abfinden mit dem Unglück. Der Weg des glaubenden Menschen scheint immer wie ein Kreuzen im Wind zu sein zwischen Protest und Wut auf der einen Seite und Liebe und Vertrauen auf der anderen. Karl Rahner sprach von den beiden Grunderfahrungen des Menschen, der Erfahrung der innersten Bedrohtheit und der Erfahrung der Hoffnung. Und beide stünden nebeneinander und seien nicht eigentlich aufhebbar in eine höhere Synthese.
Auch wenn wir meinen, dass Gott am konkret anzutreffenden Bösen nicht beteiligt ist, so ist er doch dessen transzendenter Grund. Wir bitten ihn, dass er uns nicht in die Versuchung führt, im Glauben radikal gefährdet zu werden und unser »ewiges Heil« aufs Spiel zu setzen, also unser Leben als Ganzes zu verlieren.

Hilfen aus der christlichen Spiritualität

Der heilige Antonius – ich meine den aus der Einleitung des Buches – war offenbar wachsam und in der Tugend gefestigt und konnte deshalb Versuchungen mit Gebet und Fasten widerstehen. Das sind die Mittel, die auch die Heilige Schrift empfiehlt. Die christliche Tradition hat darüber hinaus noch anderes zur Überwindung von Versuchungen empfohlen:

– unnötige Gelegenheiten zur Sünde meiden;
– geeignete Ablenkungen suchen;
– Bemühen um Korrektur von verfestigten wirklichkeitsfremden Vorurteilen;
– Liebe zur Wahrheit und zum Guten;
– ständige Gewissensbildung;
– kluge Selbsteinschätzung der eigenen Schwächen;
– Verantwortung für die gestellten Aufgaben.

Bei uns heutigen Menschen scheinen diese Mittel oft nicht so recht zu greifen. Oder wir haben Zweifel, ob sie überhaupt zum Ziel führen und für den Alltag taugen. Hand aufs Herz: Wären die genannten Hilfen für Sie nützlich und lebenspraktisch genug, um im Alltag etwas damit anzufangen? Wenn ja, dann gratuliere ich Ihnen, Sie sind damit gegen Versuchungen bestens gewappnet! Wenn Sie die Frage mit »nein« beantworten, geht es Ihnen wie zahlreichen Menschen. Viele Ratschläge aus der christlichen Tradition erscheinen uns oft zu moralisch, nur für ethische Virtuosen geeignet und zu wenig bezogen auf das normale Leben, das uns – ob wir Christenmenschen sind oder nicht – zu leben aufgegeben ist.
Bei Ignatius von Loyola finden wir eine Reihe nützlicher Hinweise, zwar eingekleidet in Beispiele seiner Zeit, aber zeitlos gültig. Sie machen uns darauf aufmerksam, wie wir Versuchungen erkennen und überwinden können. Sie wollen mehr den Blick schärfen als Lösungen anbieten; sie helfen eher zum *Unter*scheiden, als dass sie schon zu *Ent*scheidungen drängen; sie machen eher ein Handlungs*angebot*, als dass sie schon genau wüssten, was richtig und falsch oder gut und böse ist.

Ignatius ist eben nicht der Ansicht, dass für alle Menschen immer schon klar und eindeutig und zeitlos gültig ist, wie sie Versuchungen begegnen sollen. Wer aus guten Gründen allergisch auf zu eindeutigen Rat reagiert, dem werden die folgenden Hinweise zum Erkennen und Überwinden von Versuchungen entgegenkommen.

Sechs Hinweise von Ignatius von Loyola

Ein erster Hinweis:

Ignatius führt das Beispiel an,[14] dass zwei Menschen miteinander Streit haben; der eine verliert dann den Mut und ergreift die Flucht, während der andere standhält und ihm die starke Stirn zeigt. »Auf die gleiche Weise ist es dem Feind (er meint den »Teufel«) eigen, schwach zu werden und den Mut zu verlieren, so dass seine Versuchungen fliehen, wenn derjenige, der sich in geistlichen Dingen übt, gegen die Versuchungen des Feindes die starke Stirn zeigt und das genaue Gegenteil tut; und umgekehrt, wenn derjenige, der sich übt, beginnt, Furcht zu haben und im Ertragen der Versuchungen den Mut zu verlieren, gibt es auf dem Angesicht der Erde keine so wilde Bestie wie den Feind der menschlichen Natur bei der Verfolgung seiner verworfenen Absicht mit so gesteigerter Bosheit« (GÜ 325).

Ein Student ist dabei, seine Diplomarbeit zu schreiben, und kommt mit der Arbeit nicht so recht voran. Mal scheinen ihm seine Ideen so genial, dass er von seinem Professor, wenn schon nicht die Nominierung für den nächsten Nobelpreis, so doch wenigstens das Angebot für eine Promotion verdient hätte. Dann wieder plagen ihn Selbstzweifel, ob das Thema überhaupt der Bearbeitung wert ist. Oft sitzt er mit Notebook und Notizblock in der Bibliothek oder in seinem Zimmer; und statt zu lesen und zu schreiben, weicht er auf Computerspiele aus und stellt abends entnervt fest, dass er wieder einmal den ganzen Tag nichts zu Wege gebracht hat. Endlich merkt er, dass er den Herausforderungen, die Arbeit zu schreiben, ständig ausweicht und nichts weitergeht. Er löscht alle Computerspiele auf seinem Notebook und nimmt sich für jeden Tag ein Arbeitspensum vor, das er mit seinen Möglichkeiten und im Rahmen seiner Grenzen bewältigen kann. So kommt er gut voran und kann am Ende der Semesterferien seine Diplomarbeit einreichen.

Merke: Wenn man in eine Versuchung gerät, begegne man ihr klar und entschieden! Denn mit dem »Teufel« gibt es keine Kompromisse und keinen Friedensschluss. Solches zu versuchen heißt schon, den Kampf zu verlieren.

Ein zweiter Hinweis:

»Ebenso verhält er (der »Teufel«) sich wie ein falscher Liebhaber. Er will verborgen sein und nicht entdeckt werden. Denn so wie der falsche Mensch, der zu bösem Ziel redet und der Tochter eines guten Vaters oder der Frau eines guten Gatten Anträge macht, will, dass seine Worte und Überredungskünste geheim bleiben, und ihm das Gegenteil sehr missfällt, wenn die Tochter ihrem Vater oder die Frau ihrem Gatten seine falschen Worte und seine verdorbene Absicht entdeckt, weil er leicht folgert, dass er mit dem begonnenen Unternehmen nicht zu Ende kommen kann; auf die gleiche Weise will und wünscht der Feind der menschlichen Natur, wenn er der gerechten Seele seine Listen und

Überredungskünste zuwendet, dass sie im Geheimen aufgenommen und festgehalten werden. Doch wenn sie sie ihrem guten Beichtvater entdeckt oder einer anderen geistlichen Person, die seine Täuschungen und Bosheiten kennt, so grämt ihn das sehr. Denn er erfasst, dass er mit seiner begonnenen Bosheit nicht zu Ende kommen kann, weil seine offenbaren Täuschungen aufgedeckt worden sind« (GÜ 326).

Eine Studentin führt seit einiger Zeit eine heimliche Beziehung mit ihrem Professor. Zunehmend bereitet ihr die Situation Probleme. Mal verspricht ihr der Professor, sich von seiner Frau zu trennen und sie zu heiraten; dann wieder ist keine Rede davon. Sie selbst fühlt sich einerseits geschmeichelt, dass sie als »kleine Studentin« die Geliebte des »berühmten Professors« ist, anderseits fällt ihr die heimliche Beziehung immer schwerer, weil sie mit ihren Werten letztlich doch nicht so recht in Einklang zu bringen ist. Mit der Zeit spürt sie, wie unfrei sie dadurch wird, dass der Professor Stillschweigen von ihr erwartet. Er hat davon den Vorteil, dass er sein Doppelleben weiterführen kann. Sie fühlt sich zunehmend beengt. Bewegung kommt in diese verfahrene Situation erst, als die Studentin das Schweigegebot bricht und sich einem Seelsorger anvertraut, der den Professor kennt. Von diesem Gespräch mit dem Seelsorger erzählt sie ihrem Geliebten. Daraufhin lässt er sie auf der Stelle in Ruhe. Mit der Zeit findet sie den nötigen inneren Abstand, kann die Beziehung von sich aus beenden und sich neu orientieren.

Versteckspiele aufzudecken und schlechte Geheimnisse offenzulegen, hilft sehr! Oft bringt es Klarheit und Entschiedenheit, in eine verfahrene und wirre Situation eine unbeteiligte Person, einen neutralen Dritten hineinschauen zu lassen.

Ein dritter Hinweis:

»Ebenso verhält er (der ›Teufel‹) sich wie ein Anführer, um zu siegen und zu rauben, was er wünscht. Denn wie ein Hauptmann oder Anführer des Feldlagers in Stellung geht und die Kräfte oder die Verfassung einer Burg anschaut und sie auf der schwächsten Seite angreift, so zieht auf die gleiche Weise der Feind der menschlichen Natur umher und schaut ringsum alle unsere theologischen, kardinalen und sittlichen Tugenden an. Und wo er uns am schwächsten und am meisten in Not für unser ewiges Heil findet, dort greift er uns an und bemüht sich, uns zu nehmen« (GÜ 327).

Eine Frau in der Lebensmitte stellt fest, dass sie immer wieder Schwierigkeiten hat, sich gegenüber männlichen Autoritäten zu behaupten. Obwohl sie einen zufriedenstellenden Beruf ausübt, in dem sie durchaus Erfolg hat, und auch mit ihrer Familie glücklich zusammenlebt, kann sie sich gegen Männer, die Macht ausüben, nur schwer durchsetzen. In einem Selbsterfahrungsseminar fällt es ihr wie Schuppen von den Augen, was die »dünne Stelle« in ihrer Biographie ist: Ihre Eltern betrieben eine Gastwirtschaft und hatten in wirtschaftlich schwierigen Verhältnissen oft wenig Zeit für die Kinder. Im Konfliktfall zwischen Betrieb und Familie mussten die Kinder ihre Wünsche hintanstellen; das Gasthaus ging vor. Das Wort des Vaters war sozusagen Gesetz. Er bestimmte, was in der Gastwirtschaft zu tun und zu lassen war, und duldete keinen Widerspruch. Besonders schmerzlich und demütigend war es für sie als Mädchen und als junge Frau, dass sie in der Schankstube mithelfen musste, während ihre Freundinnen zu den Dorffesten gingen oder in die nächste Stadt zur Disco fuhren. Heute, seit sie diese

Schwachstelle erkannt hat, achtet sie besonders darauf, sich vor männlichen Autoritäten nicht mehr zu unterwerfen und sich damit unbewusst so zu verhalten, wie sie es als Mädchen ihrem Vater gegenüber tun musste.

Jeder Mensch, meint Ignatius, ist gut beraten, seine Schwachpunkte zu kennen und auf diese »dünnen Stellen« zu achten. Das ist oft gar nicht leicht. Bewusst oder unbewusst halten wir unsere Schwächen vor uns und vor anderen verborgen.

Ich sehe vor allem zwei Gründe, warum wir uns so verhalten. Zum einen fällt es uns schwer, diejenigen Aspekte unserer Persönlichkeit als zu uns gehörig anzunehmen, die nicht gut mit unserem Selbstbild zusammenpassen; dazu gehören auch die Auswirkungen schwieriger und traumatischer Erlebnisse der Biographie auf unser heutiges Erleben und Verhalten. Uns damit zu konfrontieren tut weh. Zum anderen sind wir oft unsicher, ob unsere Mitmenschen uns auch dann noch akzeptieren, wenn sie unsere Schwachstellen kennen; denn dann können wir vor den anderen nicht mehr die Besten, Liebsten, Schönsten und Größten sein!

Diese drei Hinweise eignen sich vor allem für Situationen, in denen Sie selbst das Gefühl haben, in Versuchung geführt zu werden, also selbst etwas tun wollen, das Ihnen reizvoll erscheint, das Sie aber nicht tun dürfen oder nicht tun sollten. Subtiler werden die Dinge bei den Versuchungen unter dem Schein des Guten. Wie können wir diese erkennen und überwinden?

Ignatius gibt auch für diese Gelegenheiten Hinweise. Einschlägige Erfahrungen hat er selbst gemacht, deshalb konnte er seine Mitmenschen in diesen subtilen Lebenslagen verstehen:

Ein vierter Hinweis:

»Es ist dem bösen Engel eigen, der Gestalt unter einem Lichtengel annimmt, bei der frommen Seele einzutreten und bei sich selbst hinauszugehen; nämlich gute und heilige Gedanken zu bringen, wie es dieser frommen Seele entspricht; und danach bemüht er sich allmählich, bei sich hinauszugehen, indem er die Seele zu seinen verborgenen Täuschungen und verkommenen Absichten zieht« (GÜ 332).

Der neue Kaplan ist für die Jugendarbeit verantwortlich. Er bringt den Betrieb, der unter seinem Vorgänger ein wenig daniederlag, wieder in Schwung. Immer hat er ein offenes Ohr für die Jugendlichen, vor allem für die Pfarrjugendleiterin, die jederzeit mit allen pädagogischen und persönlichen Problemen zu ihm kommt. Bald ist er heftig in sie verliebt, weil er seine Rolle als Seelsorger und seine persönlichen Nähe- und Beziehungswünsche nicht auseinanderhalten kann. Allerdings kann er sich dies nicht eingestehen, sondern er rechtfertigt seine privaten Treffen mit »seelsorglichen Notwendigkeiten«, mit seinem besonderen Eifer in der Einstiegsphase und mit dem Wunsch, besonders für die Multiplikatoren in schwierigen Situationen da sein zu wollen. Dass er jedoch sowohl sich selbst wie die Pfarrjugendleiterin emotional heillos überfordert, kann und will er nicht sehen.

Natürlich können sich aus asymmetrischen Beziehungen auch symmetrische Freundschaften entwickeln, wenn man das bespricht und offen ist für mögliche Selbsttäuschungen. Und vorgenannte Verwicklungen finden sich in ähnlicher und üblerer Form nicht nur unter Klerikern, sondern genauso etwa unter Pädagoginnen, Lehrern oder Therapeuten. Gern können Sie das Beispiel in diesem Sinne umändern.

Ein fünfter Hinweis:

»Wir müssen sehr die Folge der Gedanken beachten. Und wenn der Anfang, die Mitte und das Ende alles gut ist, zu allem Guten hingeneigt, dann ist dies ein Kennzeichen des guten Engels. Doch wenn es bei der Folge der Gedanken, die er bringt, bei irgendetwas Bösem endet oder das ablenkt oder weniger gut ist, als was die Seele sich vorher zu tun vorgenommen hatte, oder die Seele schwächt oder beunruhigt oder verwirrt, indem es ihr ihren Frieden, ihre Stille und Ruhe, die sie vorher hatte, wegnimmt, so ist es ein deutliches Kennzeichen, dass es vom bösen Geist herkommt, dem Feind unseres Nutzens und ewigen Heils.«
»Wenn man den Feind der menschlichen Natur an seinem Schlangenschwanz und dem bösen Ziel verspürt und erkannt hat, zu dem er hinführt, dann ist es für denjenigen, von dem er versucht worden ist, nützlich, alsbald auf die Folge der guten Gedanken zu schauen, die jener ihm brachte, und auf deren Anfang, und wie jener allmählich sich bemühte, zu bewirken, dass er von der Sanftheit und geistlichen Freude, in der er sich befand, hinabstieg, bis jener ihn zu seiner verdorbenen Absicht hinzog. So soll er sich mit dieser erkannten und eingesehenen Erfahrung künftighin vor dessen gewohnten Täuschungen hüten können« (GÜ 333, 334)
Hier rät Ignatius dazu, Anfang, Mitte und Ende von Ideen, Plänen und Vorhaben zu überprüfen. Manchmal sieht eine Angelegenheit am Anfang recht gut aus; wenn wir ihr aber unbesehen unser volles Zutrauen schenken, dann landen wir bisweilen an Orten, an die

wir gar nicht hinkommen wollten. Helfen wird, immer wieder zu überprüfen, ob eine Angelegenheit trotz eines guten Anfangs der »Seele den Frieden wegnimmt und zu etwas weniger Gutem hinführt«.

Ein Mann und eine Frau verlieben sich ineinander. Anfangs werden sie sich nur ihre Schokoladenseiten zeigen, um beim anderen den allerbesten Eindruck zu machen. Das beginnt bei der Auswahl des Outfits, betrifft den Inhalt der Konversation und das ganze äußere Verhalten. Wer verliebt ist, übersieht die kleinen Schwächen und Fehler des anderen, findet sie womöglich »süß«. Man sieht sein Gegenüber so, wie man ihn oder sie gerne haben möchte; das ist die rosarote Brille. Damit aus Verliebtheit Liebe werden kann, ist es notwendig, den Partner oder die Partnerin so zu sehen, wie er/sie tatsächlich ist. Der Frosch muss wie im Märchen an die Wand geworfen und entzaubert werden, damit der Prinz zum Vorschein kommen kann; das ist ein ernüchternder und bisweilen schmerzhafter Prozess.

Leider vermeiden es manche Menschen, nach dem Zauber des Anfangs die Beziehung immer wieder zum Thema und Anliegen zu machen. Später wundern sie sich, wenn sie bei etwas »weniger Gutem« als am Anfang ihrer Beziehung gelandet sind, scheuen sich aber, dies einzugestehen und anzusprechen.
Was für eine Liebesbeziehung gilt, gilt auch für eine Freundschaft: Wenn Sie ihrem Freund/ihrer Freundin so begegnen wollen, wie er oder sie wirklich ist, und nicht, wie Sie ihn gerne haben möchten, dann müssen Sie mit Irritationen, Störungen und Konflikten rechnen und diese wahrnehmen und ansprechen. Der Freund oder die Freundin sollte die Chance haben, dass Sie Ihr Bild von ihm oder ihr revidieren.

Ein sechster Hinweis:

»Die Seele, die im geistlichen Leben Nutzen ziehen will, muss immer in entgegengesetzter Weise vorangehen, als der Feind vorangeht. Wenn nämlich der Feind die Seele gröber machen will, bemühe sie sich, sich zu verfeinern. Und ebenso, wenn der Feind sie zarter machen will, um sie zum Extrem zu bringen, so bemühe sich die Seele, sich in der Mitte zu festigen, um in allem ruhig zu werden« (GÜ 350).

Ein Manager besucht eine Fortbildung für Führungskräfte. Das Thema heißt: »Meine Persönlichkeitsstruktur und die Persönlichkeitsstrukturen meiner Mitarbeiter: Wie geht das zusammen?« Dabei lernt er, dass einige Menschen eher distanziert sind, andere dagegen eher die Gemeinschaft und das Miteinander suchen; manche brauchen für ihr Wohlbefinden bei der Arbeit klare Strukturen und einen vorgegebenen Rahmen, andere werden durch zu viel Ordnung eingeengt und brauchen Freiheit und das Zutrauen des Chefs in ihre Kreativität. Er stellt nun fest, dass er selbst ein Mensch ist, der eher klare Strukturen und einen verlässlichen äußeren Rahmen benötigt. Zu viel Miteinander ist ihm suspekt, und mit seinen eher freiheitsliebenden Mitarbeitern kommt er nicht gut klar. Als er das alles erkannt hat, nimmt er sich vor, seine eigenen »unterbelichteten« Seiten zu entwickeln, um dadurch auch mehr Verständnis für seine Mitarbeiter zu finden, die ganz anders sind als er. Einige Zeit nach der Fortbildung stellt er bei einem Coaching fest, dass die Zeit, die er beim Mitarbeiterkaffee verbringt, dem Betriebsklima und der Arbeitsleistung seiner Mitarbeiterschaft spürbar zugute kommt. Nach diesen guten Erfahrungen widersteht er der Versuchung, kreative Vorschläge und Ideen seiner Mitarbeiter wie bisher mit dem Argument zurückzuweisen: »Das bringt ja doch nichts, denn wir haben das in der Vergangenheit schon viele Male ergebnislos versucht.«

Den Hinweis von Ignatius verstehen wir am besten so, dass wir in gutem Kontakt mit den eigenen inneren Gegenpolen bleiben sollen. Ignatius folgt hier dem Schema, dass der eine Mensch feststellt, eher zart besaitet zu sein, und gleichzeitig entdeckt, der andere ist eher grobschlächtig. Jeder von beiden hat nun die Aufgabe, den Gegenpol in sich zu entdecken und damit in Kontakt zu kommen. Diese Grundidee können wir aus heutiger Sicht und Kenntnis mühelos adaptieren.

Wenn Ihnen das Manager-Beispiel zu weit weg ist von Ihren Lebensvollzügen, denken Sie an die Spannung zwischen Verstand und Gefühl, die Ihnen sicherlich vertraut ist. Bei heftigen Gefühlen ist es immer gut, auf die Stimme der Vernunft zu achten; und bei zu viel vernünftigen Argumenten hilft es, den Kontakt zu den eigenen Gefühlen zu suchen, damit man nicht blutleer wird.

6. Leben mit Versuchungen

Und wenn man einer Versuchung erlegen ist?

Nun mögen Sie, wenn Sie bis hierher gelesen haben, einwenden, diese Überlegungen seien ja ganz klug und richtig und vom Grundsatz her zutreffend. Aber sieht die Praxis nicht ganz anders aus? Meist leben wir Menschen unseren Alltag nicht so, wie es einem idealen Menschenbild entspricht. Das gilt für Christen genauso wie für den Rest der Menschheit.
Wenn wir ehrlich sind, stellen wir fest, dass wir Versuchungen immer wieder erliegen. Was dann? Ist überhaupt immer so einfach zu entscheiden, ob jemand wirklich einer Versuchung erlegen ist? Hängen solche Urteile nicht vom individuellen Wertsystem ab, von gesellschaftlicher Verflochtenheit und womöglich von genetischer Bedingtheit? Ist immer so klar, was richtig ist und was falsch, was gut ist und was böse?

Ein Ordenspriester gibt Amt und Beruf auf und heiratet eine Frau, die er ein Jahr zuvor kennen gelernt hat. »Ich fühle mich zu einem anderen christlichen Weg berufen«, sagt er auf die Frage, wie er seine Entscheidung vor sich und vor Gott begründe; und: »Ich erlebe eine neue Berufung.« Eine Nonne, die mit 21 Jahren in ein Kloster eingetreten ist, verlässt es nach zwölf Jahren wieder und heiratet. Ob sie das nicht als Scheitern betrachtet, fragen ihre ehemaligen Mitschwestern. Sie sieht das ganz anders: »Nein, ich bin weiter gewachsen.«

Natürlich bleibt anzumerken, dass es von außen immer schwer ist zu beurteilen, ob ein Mensch sich wirklich weiterentwickelt oder ob er oder sie auf eine infantile Stufe zurückfällt.

Ein Mann in der Lebensmitte trennt sich nach fast zwanzigjähriger Ehe von seiner Frau – einigermaßen einvernehmlich und in großer Verantwortung gegenüber den gemeinsamen Kindern. »Wenn das Wasser in einem Aquarium verdunstet ist und die Fische tot auf dem Trockenen liegen, werden sie nicht wieder lebendig, wenn man Wasser nachgießt«, sagt er.

Nicht nur wer professionell als Seelsorgerin oder Psychotherapeut oder in anderen helfenden Berufen mit Menschen arbeitet, hat immer wieder mit solchen Situationen zu tun, auch Sie selbst werden Ähnliches bei sich oder in Ihrem Freundes- und Verwandtenkreis kennen.

Sind wir immer so sicher, was richtig und falsch ist? Kann man von außen so klar sagen, ob jemand einfach Versuchungen nachgegeben habe oder gescheitert sei? Ist es nicht oft so, dass das wirkliche Leben anders verläuft, als es bürgerlich-christliche Moralvorstellungen gern hätten? Ist es nicht für manchen eine wirkliche Befreiung zum Leben, aus dem Prokrustesbett erlebter Zwänge aufzustehen und das Leben neu zu wagen? Und hat nicht auch der Frömmste sein Triebschicksal zu bestehen und anzuerkennen? Die menschliche Triebhaftigkeit, vor allem Sexualität und Aggression, hat unintegrierbare, unabhängige und archaisch-chaotische Aspekte.

Dies in Demut und mit einer guten Prise Selbsthumor zu akzeptieren könnte ja zahlreiche Komplikationen allgemein-psychischer und speziell-neurotischer Art vermeiden. Man müsste dann nicht mehr in den unterschiedlichsten Therapien versuchen, besondere Vorkommnisse auf eine gestörte Entwicklung oder auf einen Unfall zurückzuführen.

Auch der Frömmste wird, wenn er ehrlich ist, nicht nur bei seinen Mitmenschen, sondern auch bei sich selbst feststellen, dass Aggression und Sexualität nicht nur in geordneten Kanälen verlaufen, sondern bisweilen Wildwasserflüssen ähneln. Aber ist River-Rafting im Wildwasser nicht spannender als in Kanälen? Und ist es nicht ein Wert, wenn keine Instanz in der Seele, kein Archetyp, kein Trieb und kein noch so edles oder destruktives Bestreben je völlig überhand nimmt und sich in der Seele immer *auch* ein gewisses fruchtbares Chaos befindet?

Und wenn wir unsere Grenzen, Kräfte und Begabungen, unsere Schwächen und Umwege annehmen, wenn wir – daraus resultierend – unsere persönlichen Ziele und Sinnideale verwirklichen, befähigt uns dies nicht, uns dem Glauben zu öffnen und auf zukünftiges, größeres Leben zu hoffen?

Ich gebe gerne zu, dass solche Überlegungen die Klarheit edler Einsichten wieder trüben. Und ich weiß, wie problematisch die Auffassung des russischen Mönchs und Geistheilers Rasputin ist; vielleicht erinnern Sie sich an sein im ersten Kapitel zitiertes Wort: »Wir können unser Heil nur durch die Reue erlangen. Wie soll man bereuen, wenn man nicht vorher gesündigt hat? Wenn uns also Gott die Versuchung schickt, ist es unsere Pflicht, ihr zu erliegen.«

Dass solche Überlegungen nicht völlig abwegig sind, ahnt in gewisser Weise die Liturgie der Osternacht, nämlich der Lobgesang über die Osterkerze, das »Exsultet«. Dort heißt es: »O wahrhaft heilbringende Sünde des Adam, du wurdest uns zum Segen, da Christi

Tod dich vernichtet hat. O glückliche Schuld, welch großen Erlöser hast du gefunden!«

In dem berühmten Gleichnis Jesu vom Vater und seinen beiden Söhnen (Lk 15,11–32) ist am Ende der Geschichte der jüngere Sohn dem Vater näher als der ältere. Der Jüngere hat ein zügelloses Leben geführt und das väterliche Vermögen in Saus und Braus verprasst, bevor er bereut und umkehrt. Der Ältere hat einfach nur alles richtig gemacht und scheint nie einer Versuchung erlegen zu sein. In der Sicht Jesu hat Gott mehr Freude an dem jüngeren Sohn, der umkehrt, als am selbstgerechten Verhalten des Älteren, der es nicht nötig zu haben glaubt, sich oder etwas zu ändern.

Der Verfasser des ersten Johannesbriefes formuliert: »Gott ist die Liebe, und wer in der Liebe bleibt, bleibt in Gott, und Gott bleibt in ihm« (1 Joh 4,16b). Und »wenn das Herz uns auch verurteilt – Gott ist größer als unser Herz, und er weiß alles« (1 Joh 3,20).

Und weil alles Nachdenken, wenn wir es denn als fragende und hoffende, zweifelnde und glaubende Menschen unternehmen, letztlich im Schweigen und im Beten endet, sei zum Schluss dieses Kapitels eine längere Meditation von Karl Rahner über Versuchungen angefügt, die er im Jahre 1946, also kurz nach Ende des Zweiten Weltkrieges, in München hielt.[15]

Rahner geht davon aus, dass wir Menschen uns im Leben immer wieder entscheiden müssen. Situationen des Entscheidens führen uns unvermeidlich in Versuchungen. Die nackte Konfrontation des Menschen »Aug in Auge mit Gott« – so Rahner – geschieht im Gebet der Entscheidung. Der folgende Text ist sprachlich gewiss ein wenig anspruchsvoll, wird für Sie aber umso gehaltvoller sein, je mehr Sie sich auf Rahners Sprache einlassen.

Gebet der Entscheidung

Erprobung und Anfechtung ist das Leben des Menschen auf Erden. Das ist die Lebenssituation, über die kein Klagen und kein Bedauern hinweghilft, die einfach gesehen und angenommen und – bestanden werden muss. Und diese Versuchung zur Sünde ist – wenn auch nicht immer und überall und für jeden gleich – *echte* Versuchung. Sie fällt den Menschen unversehens an, sie hat im Menschen selbst einen Verbündeten, seinen Glückshunger, seine Traurigkeit und die Melancholie des Lebens, die nach einer Betäubung giert, sein Vertrauen auf das Greifbare, sein Misstrauen gegen das jenseitig Zukünftige, seine erstaunliche und unheimliche Fertigkeit sittlicher Falschmünzerei, die das Gute böse und das Böse gut machen kann, und das nicht nur für andere und vor anderen, sondern auch für sich selbst, eine Verfälschung, die schon im ersten Ansatz unseres sittlichen Urteilens geschieht, in jenen Voraussetzungen unserer sittlichen Urteile, die wir als selbstverständlich voraussetzen und gar nicht zur Debatte stellen, eine Fälschung, die nicht bloß falsch misst, sondern die Wertmaßstäbe selbst verändert, bis eben die Sünde und das Verkehrte für das eigene Gewissen in Tugend und Rechtschaffenheit verzaubert sind.
Die Versuchung ist echte Versuchung; das heißt auch: Sie trifft uns, wenn sie wirklich (was nicht alle Tage der Fall ist) groß und entscheidend kommt, eigentlich immer zu schwach. Das soll nicht sagen, dass wir ihr notwendig unterliegen müssten. O nein! Aber das soll sagen: Die großen und entscheidenden Versuchungen treffen einen Menschen, den sie, wenn er an ihnen nicht stärker wird, besiegen. Der Mensch ist nicht – das Gegenteil wäre lügnerische Einbildung – immer

in dauerndem, voll bereitem, unmittelbar verfügbarem Besitz seiner ganzen sittlichen Kräfte, aller jener Kräfte, die er braucht, um das Tiefengewicht einer wirklichen Versuchung entscheidend und endgültig nach oben zu überwinden. Der Mensch hat fast unvermeidlich Zeiten der Abspannung, Zeiten der Kühle, vielleicht einer gewissen Verdrossenheit, Zeiten, wo ihm Gott, das ewige Leben, das strahlende Licht sittlicher Tugend: der Wahrhaftigkeit, der Reinheit, der Gerechtigkeit, der Treue und so fort, wie ferngerückt und matt erscheinen und wie ein Luxus, den man sich nur in heiteren Zeiten leisten mag; er hat Zeiten, in denen aber dafür das unmittelbar Greifbare und Genießbare: die Lust, der Erfolg, der Reichtum, das Behagen, deutlich klar und handfest vor ihm stehen und mit ihrer süßen Lockung ihm eigentlich schon Blut und Seele erfüllt haben, ihn gleichsam schon geladen haben mit der Gier, die blind ist für das geistige Gesetz des höheren Menschen, der Gottes ist, geladen haben, bevor er überhaupt gefragt wurde, wie er zu dieser Umstimmung seines inneren Menschen Stellung zu nehmen gedenke. Es ist, als ob die echte Versuchung, bevor sie offiziell angreift, schon heimlich in der Festung der Seele gewesen wäre (wie mit einer fünften Kolonne) und dort schon die Widerstandskräfte sehr wesentlich gemindert hätte. In solchem Zustand trifft die echte und gefährliche Versuchung den Menschen. Er wird darum nur siegen, wenn er noch *während* des Kampfes neue Kräfte gewinnt. Wenn er mit dem Kriegspotenzial den Kampf bestehen will, mit dem er ihn antrat, wird er auf die Dauer verlieren. Wenn er mit der sittlichen Verfassung, in der ihn die Versuchung angreift, siegen will, geht er unter. Wenn er in dem engen Winkel des Behagens, der Selbstgenügsamkeit, der Bequemlichkeit kämpfen wollte, in dem er den Kampf beginnen musste, wird er ihn nicht siegreich durchfechten. Der Mensch muss in der Anfechtung emporwachsen, die Weite der Ewigkeit muss sein selbst gewähltes, von ihm der Versuchung diktiertes Kampffeld sein, die Sterne des Himmels müssen ihm leuchten, der brausende Sturmwind des Geistes muss ihm durch die Seele fahren; er muss den Geschmack der Ewigkeit auf der Zunge haben, die leidenschaftliche Liebe zu Gott muss sein Herz wie in wilder Leidenschaft und Eifersucht neu erfüllen, die göttlichen Werttafeln müssen sich vor seinem Geist neu in ihrer erhabenen Majestät erheben; es muss in ihm etwas, das Gnade und Freiheit ununterschiedlich ist, aufstehen, das nur ein verächtliches hartes Lachen ist über den Menschen, der wir auch sind, den Menschen der Eigensucht, des Genusses, der Schwäche und der Feigheit, aufstehen ein freier und männlicher Zorn über uns selbst, über die feige List, die immer dann unsere Maßstäbe verfälschen will, wenn sie uns unbequem werden, aufstehen ein stolzer Zorn über unser Herz, das Trost vor Treue, Glück vor Bewährung und sich selbst vor Gott begehrt. Dann, nur dann ist der Mensch der wahre Soldat Gottes, ist er ein Kämpfer, der einen Sieg verdient, ist er gewappnet gegen die Versuchung, ja dann ist die Versuchung eigentlich schon besiegt.

Aber wie verwandelt sich so in der Versuchung der Mensch der Gewöhnlichkeit und der Halbheit des Alltags, der Mensch, dem die Lockung der Sünde schon im Blute kreist, der schon – wie im Taumel – nicht mehr recht weiß, wer er eigentlich ist: im brutalen herrischen Trieb oder im – ach so schwachen und verschüchterten Gewissen, wie verwandelt sich dieser

Mensch der Erde in den Mann Gottes, in den Menschen, dem plötzlich der Engel das Flammenschwert in die Hand drückt und ihn umhüllt mit der Klarheit und der Süße Gottes wie mit einem Gewand? Oh, diese Wandlung geschieht nicht, wenn wir müde und träge mit der Versuchung einen Disput beginnen mit der heimlichen Absicht, uns besiegen zu lassen, sie geschieht nicht, wenn wir eigentlich nur noch verhandeln, um bei der Niederlage uns die Kapitulation nicht eingestehen zu müssen; diese Wandlung geschieht nicht, wenn wir zwar nicht fallen, aber auch nicht wachsen wollen, wenn wir zwar nicht erobert, aber doch möglichst nahe beim Feind hausen wollen. Diese Wandlung geschieht nur, wenn wir beten. Das will sagen: Wenn die Versuchung der Lust, die Versuchung der Schwäche, der Feigheit, des Hasses, der Rachsucht, des Unglaubens, des blinden Eigensinns, der Verbitterung usw. mitten in uns und in unserem Fleische sich erhebt, dann erhebe sich in uns das Letzte und Innerste, das von der Anfechtung nur eingenommen wird, wenn »wir« selbst ihr öffnen (aber wir würden es auf die Dauer tun, wenn es dieser Mitte des Menschen nicht gelänge, bald den *ganzen* Menschen wieder dem Gesetz untertan zu machen), es erhebe sich dieses Innerste des Menschen! Es fange an, wild und entschlossen zu rufen, wie einer ruft, der in Todesangst ist, ja zu schreien nach Gott, zornig und hart gegen das eigene Fleisch und den versuchten Geist, es fliehe dieser innere Mensch zu Gott, er bleibe nicht bei sich, er fliehe von seiner Schwäche zur Kraft Gottes, von der Gefahr der eigenen Untreue und des eigenen Verrates zur ewigen Treue Gottes, er bettle um Liebe, er schreie nach dem Heiligen Geist, er rufe nach der Todeskraft des Kreuzes Christi, aus deren Gnade allein der

Mensch den Mut findet, im Tode des Verzichtes auf den Lebenshunger das Leben der Gerechtigkeit, der Wahrheit und Gottes zu wählen! Der Mensch rede in der Versuchung nicht mit der Versuchung, sondern mit Gott; mit Gott nicht über die Versuchung, sondern mit Gott über Gott, über seine Gnade, seine Liebe und sein Leben. Wenn die Schlange den Menschen anredet, finde sie keinen, der sie anhört und mit ihr spricht. Ihr erstes Wort: »Warum« sei ihm nur eine Aufforderung, nicht mit der Schlange nach dem Grund des Gesetzes zu fragen, sondern mit Gott, dem einzigen und ewigen Grund, zu reden, diesen letzten Grund aller Gründe anzubeten, Ihm alle Sehnsucht des Herzens entgegenzuleiten. Nur der Betende besteht die Versuchung, weil nur durch das Gebet der Mensch wieder der wird, der in der heiligen Verständnislosigkeit des Kindes Gottes die Werbung der Sünde nicht begreift und verachtet. Die echte Versuchung trifft uns eigentlich immer schwächer, als wir sein sollten, denn sonst würden ihr nicht die Begierde und die Neigung von innen antworten. Die Überwindung der Versuchung kann also nur durch die Überwindung solcher Begierde und Neigung geschehen. Das aber geschieht dadurch, dass im Herzen der Mensch neu begehrt und sich neigt zu Gott. Das aber ist Gebet.

Bete darum in der Versuchung! Lerne beten! Sage in der Versuchung nicht zu dir: Ich kann nicht, sage zu Gott: Du kannst. Sage nicht zu dir: Ohne »das (worauf du verzichten solltest) kann ich nicht sein und leben«, sage zu Gott (sage es laut und immer wieder, sag es geduldig und hartnäckig): Nur ohne dich kann ich nicht sein! Sag zum Verzicht nicht: Du bist der Tod meines inwendigen Menschen, sag zu ihm: Du bist der Aufgang des wahren Lebens, das nur im Sterben zu leben beginnt! Rufe nach Klarheit, die sich nicht täuschen lässt, wenn sich die Versuchung in einen Engel des Lichtes verkleidet, wenn der Mensch in dir, der Lüge ist, tausend Gründe weiß, warum in deinem Fall das alltäglich nüchterne Gesetz Gottes nicht zutreffe, wenn er dir einen subtilen und gar frommen Vortrag darüber hält, warum deine Situation einmalig und nicht mit gewöhnlichen Maßstäben messbar sei! Bete, dass du gefeit bleibst gegen die Mystik der Sünde, die schon Paulus verdammt hat, da er spricht: »Sollen wir in der Sünde verbleiben, damit die Gnade desto mehr zunehme? Nie und nimmer!« (Röm 6,1). Gottes Gnade kann den *armen* Sünder aus seinem Fall erheben. Wehe dem, der, gefallen, dies nicht glauben will, der Gott nicht größer sein lassen will als seine eigene Schuld! Aber erst recht wehe dem, der, da er noch steht, fallen will, um Gott Gelegenheit zu geben, ihn wieder zu erheben! Woher weiß er, dass Gott ihn tatsächlich erheben wird? Es gibt Sünden wider den Heiligen Geist, die weder in diesem noch im anderen Leben Vergebung finden! Wer durch die Sünde erlöst werden will, ist nicht fern von solcher Sünde. Heute aber ist vielen die Versuchung zu solcher Sünde nahe. Bete um Licht in der Versuchung!

Wir sollten uns ein inneres Gespür erwerben, das sogleich wach wird und merkt, wenn unsere innere Kraft und Freudigkeit, jenes innere Wohlgefühl geistlicher Gesundheit und Lebensfrische abnehmen, das merkt, wenn schlechte Laune, Unmut, Gereiztheit, innerer Überdruss an geistlichen Dingen, Verbitterung an deren Stelle treten, wenn die innere Liebe und Neigung zu Gott schwindet und seine Bürde uns schwer und drückend statt süß und leicht vorkommt. Dieses Gespür sollte uns dann warnen und mahnen, rechtzeitig im Gebet ohne Angst und in fröhlichem Vertrauen auf Gott jene innere Haltung wieder zu erbeten, deren Minderung wir eben bemerkten. Und das gilt erst recht, wenn uns schon eine eigentliche Versuchung darauf aufmerksam macht, dass ein eigentlicher Schwächezustand des geistlichen Menschen in uns vorhanden ist. Dann ist erst recht die Pflicht gegeben, Gott zu suchen. Nur wenn wir Gott näherkommen, entfliehen wir dem Zauberkreis des Bösen, das sonst Geist, Herz und Gemüt langsam, aber mit tödlicher Sicherheit vergiftet. Wer der Versuchung zwar nicht erliegen, aber sich auch nicht betend über jene innere Lauheit des Herzens emporringen will, in der diese Versuchung nur möglich ist, der wird nicht siegreich bleiben. Denn er hat das tiefste Wesen der Versuchung verkannt. Sie ist nämlich immer eine Einladung der göttlichen Liebe. Und die Antwort auf diese Einladung heißt eben Gebet. Gebet in irgendeiner Form wenigstens. Wer unter dem Zwang beharrender Gedanken und Antriebe leidet, wird oft nicht gut daran tun, im üblichen Sinne des Wortes *ausdrücklich* zu beten um die Befreiung von der Versuchung; er würde durch solches Tun die innere Aufmerksamkeit zum eigenen Schaden noch mehr verstricken in das Geflecht solcher Gedanken und Antriebe. In solcher Lage ist das gemeinte Gebet die fröhliche Zuversicht auf Gott, die unbeschwerte Ruhe, mit der der Mensch unerschüttert an den nächtigen Spukgestalten seines Innern vorbei hinaus in Gottes freie Welt und auf seine Arbeit schaut und herzhaft zur Tagesordnung übergeht. Aber auch solche Taktik des geistlichen Kampfes ist ja eine Ausschau nach Gott, ist Gebet.

7. Zehn Leitsätze zum Umgang mit Versuchungen

1. Es ist realistisch, wenn Sie *zeit Ihres Lebens* mit Versuchungen rechnen. Auch der Frömmste ist nicht dagegen gefeit.

2. Rechnen Sie damit, dass Sie die Spannung zwischen der Ausrichtung Ihres Lebens auf Werte und dem Wunsch, Ihre Bedürfnisse zu befriedigen, vor allem in den Lebensbereichen Besitz – und damit Bequemlichkeit –, Macht und Sexualität erleben werden. Die kommerzielle Werbung spricht uns Menschen vor allem in diesen Bereichen an.

3. Versuchen Sie, ihr gesamtes und vollständiges Leben mit *allen* seinen Seiten mit Gott in Berührung zu bringen und *nichts*, aber auch wirklich nichts daraus auszuklammern. Denn alles, was man nicht mit Gott in Berührung bringt, holt sich der Teufel!

4. Versuchungen sind oft subtil, der Teufel verkleidet sich gern als »Engel des Lichtes«. Es kann eine Weile dauern, die Versuchungen unter dem Schein des Guten als solche zu entlarven.

5. Versuchungen unter dem Schein des Guten wollen uns Menschen wegbringen vom Einsatz für das Gute, für Frieden und Gerechtigkeit oder, wie Ignatius es formuliert: zu einem Leben ohne »Demut, Liebe und Geduld« verleiten.

6. Versuchung ist keine Sünde. Paulus drückt das so aus: »Gott ist treu; er wird nicht zulassen, dass ihr über

eure Kräfte versucht werdet. Er wird euch in der Versuchung einen Ausweg schaffen, so dass ihr sie bestehen könnt« (1 Kor 10,13).

7. Gott will nicht unser Versagen in der Versuchung, sondern unsere Bewährung. Er verlangt von uns Menschen nichts Unmögliches, was über unsere Kräfte geht.

8. Bei aller Wichtigkeit, mit Versuchungen zu rechnen und ihnen klug zu begegnen, gibt es im Leben doch Wichtigeres! Vergessen Sie nicht die Grundbotschaft über das christliche Gottes- und Menschenbild: »Gott ist die Liebe, und wer in der Liebe bleibt, bleibt in Gott, und Gott bleibt in ihm« (1 Joh 4,16b).

9. Auch wenn Ihr Herz Sie verurteilt, dürfen Sie davon ausgehen und darauf vertrauen: »Gott ist größer als unser Herz, und er weiß alles« (1 Joh 3,20).

10. Verurteilen Sie andere Menschen nicht deshalb, weil sie etwas anderes wählen oder sich zu anderem entscheiden, als es Ihrem eigenen Wertesystem entspricht.

Anmerkungen

[1] Zitiert nach: Lebenshilfe aus der Wüste, ausgew. und eingel. von Gertrude und Thomas Sartory, Freiburg 1980, 123–124.
[2] Richard Riess, Psychologische Erwägungen zur Perikope von der Versuchung Jesu, in: Wege zum Menschen 22 (1970), 281.
[3] Eine Teufelsneurose aus dem 17. Jh., Ges. Werke Bd. 13, 315ff.
[4] Z.B. bei Eugen Drewermann, Strukturen des Bösen. Die jahwistische Urgeschichte in exegetischer, psychoanalytischer und philosophischer Sicht, 3 Bde., Paderborn 1983/84. Für den Überblick siehe die Tabelle in Bd. I, LXXXIV–V.
[5] Zum Folgenden gibt es verschiedene Texte zum Download unter: www.jesuiten.org/hermann.kuegler.
[6] In: Die Legenda Aurea des Jacobus de Voragine, Heidelberg 1984, »Von Sankt Martin dem Bischofe«.
[7] Ignatius von Loyola, Der Bericht des Pilgers, übers. und erl. von Peter Knauer SJ, Würzburg 2005, Nr. 15–16.
[8] Ebd., Nr. 54 und 82.
[9] Ausführlich dazu: Stefan Kiechle, Sich entscheiden, Würzburg ^{3}2007, bes. 32–44.
[10] Wertvolle Anregungen dazu verdanke ich: Leo Zodrow, Arbeitsblatt zur »Unterscheidung der Geister«, o.J. und o.O.; Franz Meures, Was heißt Unterscheidung der Geister? in: Ordenskorrespondenz 31/1990, 272–291.
[11] Pinchas Lapide, Ist die Bibel richtig übersetzt? Bd. 1, Gütersloh ^{6}1996, 124.
[12] Z.B. beim Konzil von Trient (1545–1563), DS 1540 und 1573.
[13] Diese Überlegungen verdanke ich Herbert Vorgrimler, Erlöse uns von dem Bösen. Die Aktualität einer Vaterunser-Bitte, Vortrag in der Karl-Rahner-Akademie Köln, ISBN 3-9806702-0-1.
[14] Das Exerzitienbuch wird mit »GÜ« und Randnummer zitiert nach: Ignatius von Loyola, Geistliche Übungen und erläuternde Texte, übers. und erl. von Peter Knauer, Graz/Wien/Köln, 1978.
[15] Textauszug aus »Gebete der Entscheidung«, S. 175–182, aus: Karl Rahner, Beten mit Karl Rahner, Bd. 1. Von der Not und dem Segen des Gebetes, © Verlag Herder GmbH Freiburg i. Br. 2004.

In der Reihe **Ignatianische Impulse** sind bisher erschienen:

Band 1: Willi Lambert, **Das siebenfache Ja,** Exerzitien – ein Weg zum Leben
Band 2: Stefan Kiechle, **Sich entscheiden**
Band 3: Piet van Breemen, **Alt werden als geistlicher Weg**
Band 4: Heiner Geißler, **Glaube und Gerechtigkeit**
Band 5: Cordula und Ottmar Leidner, **Weil ich mit dir wachsen möchte,** Herausforderung Ehe
Band 6: Klaus Mertes, **Verantwortung lernen,** Schule im Geist der Exerzitien
Band 7: Karl Frielingsdorf, **Gottesbilder,** Wie sie krank machen – wie sie heilen
Band 8: Christian Troll, **Als Christ dem Islam begegnen**
Band 9: Bernd Hagenkord, **jugend@gott**
Band 10: Claudia Bausewein, **Sterbende begleiten**
Band 11: Willi Lambert, **Wovon die Liebe lebt,** Eucharistie und Lebenskultur
Band 12: Eckhard Frick, **Sich heilen lassen**
Band 13: Stefan Kiechle, **Macht ausüben**
Band 14: Franz Jalics, **Der kontemplative Weg**
Band 15: Ignatius von Loyola, **In allem – Gott**
Band 16: Gundikar Hock (Hg.), **Ergriffen vom Feuer**
Band 17: Michael Hainz, **Freundschaft mit Armen**
Band 18: Christian Herwartz, **Auf nackten Sohlen,** Exerzitien auf der Straße
Band 19: Albert Keller, **Sinn im Unsinn,** Worüber Jesuiten lachen
Band 20: Christoph Benke, **Sehnsucht nach Spiritualität**
Band 21: Alfred Delp, **Im Angesicht des Todes**
Band 22: Peter Balleis, **Leidenschaft für die Welt**
Band 23: Josef Maureder, **Mensch werden – erfüllt leben**
Band 24: Martin Maier, **Pedro Arrupe – Zeuge und Prophet**
Band 25: Jon Sobrino, **Der Preis der Gerechtigkeit**
Band 26: Piet van Breemen, **Im Geheimnis daheim.** Hilfen aus der Bibel
Band 27: Bernhard Waldmüller, **Gemeinsam entscheiden**
Band 28: Christian Rutishauser, **Christsein im Angesicht des Judentums**
Band 29: Thilo Esser/Meike Wagener-Esser, **Als Familie im Glauben wachsen**
Band 30: Elmar Mitterstieler, **Den verschwundenen Flüssen nachgehen.** Gedanken zur geistlichen Begleitung
Band 31: Felix Genn, **Es würde der Welt etwas fehlen.** Pastorale Impulse aus dem Geist der Exerzitien
Band 32: Hermann Kügler, **Versuchungen widerstehen?**